Adolf Helfferich

Der altrömische Kalender

Adolf Helfferich

Der altrömische Kalender

ISBN/EAN: 9783743491403

Hergestellt in Europa, USA, Kanada, Australien, Japan

Cover: Foto ©ninafisch / pixelio.de

Adolf Helfferich

Der altrömische Kalender

DER
ALTROEMISCHE KALENDER

VON

ADOLF HELFFERICH.

ANHANG:
ALTITALISCHE TEXTE IN DER UEBERSETZUNG.

FRANKFURT A. M.
CHRISTIAN WINTER
1869.

I.

Horus, der in den Gesprächen des Macrobius die Rolle eines Aegyptischen Schwarzsehers spielt, wendet sich im 15ten Capitel des Iten Buchs an den vielgeplagten Prätextaten mit der fragweisen Bemerkung: *Dum alios fastos variisque alios nominibus nuncupatis, nundinas quoque vestras nescire me fateor.*

Ob wohl dem „Horcher" mit Mommsen's Römischer Chronologie geholfen gewesen wäre? Von den zahllosen Schriften, welche im Alterthum über dieses Thema in Umlauf waren, ist nur Weniges erhalten: besässen wir die einzige Schrift, die Julius Cäsar über die Auspicien verfasste, so liesse sich der Verlust aller übrigen leicht verschmerzen. Das Pontificium, im Besitz der daktylischen Fünfer- und Banngewalt, darum in das 5te Priestercollegium eingewiesen, war bei den Römern der Inbegriff der *mens:* der lebendige Massbegriff für Raum (*mensa*) und Zeit (*mensis*), und es begreift sich somit, welch hohes Interesse Cäsar dabei haben musste, als Pontifex Maximus seinen politischen Reformen durch einen neuen Kalender eine feste Unterlage zu verschaffen. Sein Labienus bei dieser friedlichen Reformthätigkeit war der Schreiber M. Flavius; der Umstand aber, dass er bei der Umwandlung des Mondjahrs in ein Sonnenjahr, mit der den Aegyptern längst bekannten Intercalation, vor allem der Erhaltung der früheren Nonen, sowie des Februars, Rechnung trug, lässt ein Licht auf die politischen Absichten, die bestimmend für ihn waren, fallen. Schon das kann unmöglich Zufall oder Bequemlichkeit gewesen sein, dass die Römer den Sonnenkalender erst in so später Zeit bei sich einführten: das Patriziat sträubte sich gegen die *atri aegyptiaci dies*, wogegen Cäsar in diesen die sicherste Stütze bei der Umwandlung der Salischen Republik in eine Pharaonische Monarchie fand. Der gemeine Mann hielt die Nonen für den Geburtstag des Königs Servius und schrieb ihm die Einführung der *Nundinae* zu: eine unsägliche Wohlthat für die Armen, der Julius Cäsar durch die Erlösung von dem sie drückenden Banne die Krone aufsetzte. *Plerique de plebe repetita Servii Tullii memoria parentabant ei in nundinis:* auf denselben *pater patratus* der Plebejer hat man es zu beziehen, wenn von Numa gesagt wird, er habe die *dies comitiales* in sein bürgerliches Jahr noch nicht eingeführt, denn erst in Folge der Servianischen Verfassung bedurfte man ihrer, und zugleich mit den *dies comitiales* einer plebejischen Fortuna, der zu Ehren Servius mehrere Tempel errichtete, da ein neuer Stand, wofür die *assidui fortes* und *sanates* verfassungsmässig erklärt worden waren, ohne eigene *Sacra* nicht bestehen konnte. Die *fortes* bildeten die Classe der Farmer, die *sanates* die Classe der Sentlinger, und diese beiden Classen waren es, deren wegen Cäsar der herkömmlichen Noneneintheilung so grosse Schonung angedeihen liess.

Von der Mangelhaftigkeit des Mondkalenders, an dem zuerst der Aberglaube gar nicht, oder lediglich zum Vortheile des Herren- und Priesterstandes zu rühren wagte, kann man sich einen ungefähren Begriff machen, wenn man erwägt, dass das erste Jahr des Julianischen Kalenders auf nicht weniger als 443 Tage anschwellen musste, um der Sonnenuhr gerecht zu werden: d. h. als Cäsar das Oberste Pontificat übernahm, war der achtjährige Zeitraum verflossen, nach welchem die Differenz zwischen dem Mondjahr und Sonnenjahr, welche für das Jahr durchschnittlich 11 4/5 Tage betrug, ausgeglichen, 3 überzählige (ἐμβόλιμοι) Monate oder 90 Schalttage (ὑπερβαίνοντες) für die folgende Octave eingefügt werden mussten. Die Priester verfuhren dabei so, dass sie, während der ersten 4 Jahre, am 2ten und 3ten Jahre 22, an den letzten 4 dagegen jedesmal 23 Schalttage dem Februar anhängten und, im Gegensatz zu den Griechen, auch das achte Jahr zu einem Schaltjahr machten, weil durch ihr Jahr ein „Wilder" lief. Um dem daraus entstehenden Rechenfehler abzuhelfen, schalteten sie jedesmal in der dritten Octave blos 66 Tage ein und merzten damit so die überflüssigen 24 Tage aus; anstatt nun aber wie die Griechen die Einschaltung am Schlusse des Februars beginnen zu lassen, intercalirten sie nach dem 23. Februar, wie es im Sonnenkalender heute noch geschieht und früher auch in Athen mit den Archairesien der Fall war, jenen Schaltvierern der Anarchie und des *mundus patens*, an welchen neue Archonten in Vorschlag gebracht wurden: τας δ'ἡμέρας ἐκαλϵν οἱ Ἀθηναῖοι ἀρχαιρεσίας ἐν αἷς ἄναρχος ἡ Ἀττικὴ ἦν· ἐν ταύταις προεβάλλοντο τὰς ἄρχοντας. Auf Abschaffung der *ambitio* hatte Cäsar bei seinem Kalender es abgesehen, damit zugleich auf Beseitigung des viertägigen Interregnums, das mit einer Erbmonarchie sich unverträglich erwies. *Le roi est mort, vive le roi!*

Daraus, dass Cäsar zur Herstellung seines Kalenders dem Jänner, Sextilis und December je 2, dem April, Junius, September und November je einen Tag hinzufügte, ist die Anordnung des abgeschafften Mondjahrs ersichtlich: von den 10 Monaten, die seit dem Jahresanfang bis zum Januar verflossen, zählten März, Mai, Juli, October, November je 30, April, Juni, August, September, December je 29 Tage, ein Grössenverhältniss von Mehr und Minder, das seine Erklärung in den betreffenden Monatsgottheiten findet. Die

Langmonate ergaben 150, die Kurzmonate 145, beide zusammen 295 Tage, wozu der 29tägige Januar mit 29, der 28tägige Februar mit 28 Tagen gefügt die Normalsumme des Mondjahrs auf 352 Tage fixirten: lauter benannte Tage, wozu am Jahresschluss noch ein weiterer unbenannter kam. Wie aber verhielten sich Januar und Februar zu den übrigen Monaten? *Intercalare* ist davon benannt, dass, nachdem *Rex* und *Pontifex minor* die herkömmlichen Opfer in der *Curia Calabra* dargebracht, der Pontifex die Zahl der Tage von den Calenden bis zu den Nonen ausrief (*calare*) und zwischen hinein die *dies intercalares;* da es nun streng verpönt war, die Nundinä am ersten Monatstag oder an den Nonen abzuhalten, so musste man, wenn nicht bedenkliche Störungen in der Zeitrechnung eintreten sollten, dem Pontificat bei der Intercalation freie Hand lassen. *Varro scribit: antiquissimam legem fuisse incisam in columna ærea a L. Pinario et Furio consulibus, cui mentio intercalaris adscribitur.* Schon die Namen der beiden Consuln setzen es ausser Zweifel, dass die Einschaltung bannrechtlicher Natur war und von der Errichtung jener *columna ærea* die Römische Aera datirte, indem Hermes, der Schutzgott des Julius, davon, dass er dem Aergerniss der Argen (Drachen) ein Ziel: eine Herme oder Salische Säule, setzte, gemeinschaftlich mit Apollo Ἀργειφόντης (Schlangentödter) hiess. Nicht der *Pontifex maximus*, sondern der *Pontifex minor* hatte in der *Curia Calabra*, der Kälber-, nicht Widdercurie, die Monatstage auszurufen, was einen nicht zu misdeutenden Wink enthält, dass der Pontifex Maximus mit dem Minor weder die Jahreszeit noch den Platz theilte. Das Mondjahr zerfiel in zwei ungleiche, streng von einander geschiedene Hälften: ein heiliges und ein weltliches Jahr, wovon jenes am ersten Januar, dieses am ersten März seinen Anfang nahm. Das heilige Jahr, von Vesta und Juno geführt, war „salischer" Natur, so viel als selig und heilig,

weshalb die Pforte dazu kein Anderer öffnen konnte als Sylvester: Zielfester, Versilberer. Durch Φαυστος gaben die Griechen den *Sulla-Felix* wieder. Es versteht sich darum von selbst, dass der *Pontifex Maximus* die Stelle Sylvester's vertrat und in der *Curia Saliorum* den *annus sacer* nach den gebräuchlichen Opferungen predigte: *praedicabat* (pries) nicht schrie (*calare*) wie der *minor* den *annus civilis*. An den beiden Festmonaten fiel alle und jede *calatio* und *quiritatio* aus, wie später an den 4 Wochentagen des Gottesfriedens, so dass zum Raufen nur das *triduum* der Hekate und die 10 weltlichen Monate übrig blieben. Vesta bedeutet ja nichts Anderes als Festjahr und im Unterschied von der *Ceres Themisferia* (*exta Cereri!*) wird an der Juno gerühmt: *Junoni ante omnes cui vincta jugalia curae.*
Die Ceres vertritt demnach den Cultus des מסב oder Zahmbüffels der Niederung (*Velia*), und zwar in Gemeinschaft mit Proserpina (*prospera*): Vesta-Juno dagegen unterhalten das heilige Höhenfeuer des Jak (*Gy*) und der Parsen, das *bersin*, woran das *far pium* geröstet und die adelige Paarung (*confarreatio*) vollzogen wird. Die Jungfrau menstruirt, die junge Frau purgirt: Vesta fordert den Münsterzins (*menstruum*) oder das Januarium, Juno das Februum für das glücklich überstandene Wochenfieber der Wöchnerin. Der Pontifex auf den Assyrischen Denkmälern trägt den Pinienapfel des Vestabannes und der *Bitzida* (*arx = ara coeli*) hoch in der Rechten, die Hirtentasche mit dem Panicum oder Junobrot des *Saggatu* (= *thensa*) abwärts in der Linken, denn in der Niederung am Fusse des Capitols lagen alle Tennen, darum sicherlich auch zu St. Marien auf dem Capitol in Cöln. Die Einrichtung des Februums als einer *purgatio* hat man darum auf Numa zurückzuführen, weil *februum* auf Sabinisch *purgamentum* hiess. In dem Sinn war Vesta eine Monats-, Juno eine Wochengottheit; Vesta Vertreterin des Seniorats, Juno Beschützerin des Juniorats, wodurch

es sich erklärt, dass der Juni, der in Latium *Junonius* hiess, ihrer Tutel so wenig anvertraut sein konnte, als der März der Tutel des Mars. Mit gleichem Recht könnte man Juno einen weiblichen Janus (*janua* = Johanna) nennen, und wie man im Uebrigen über die Ursprünge Roms denken mag: *Janus - Juno* bewerkstelligten die Versöhnung der *Ramnes* mit den Sabinischen *Tities* und die mit der Mondgöttin (*tana*) identische *Juno Populonia* liess sich als *Caprotina*, in der Gestalt einer Schaf-Ziege, von den *ancillae* opfern *sub arbore caprifico*. In diesem Versöhnungsmoment liegt der Schwerpunkt der bekannten Erzählung: *Cum bello Sabino Romani portam quae sub radicibus collis Viminalis* (Vehmberg) *erat, quae postea ex eventu Janualis vocata est, claudere festinarent quia in ipsam hostes ruebant, postquam est clausa, mox sponte patefacta est; cumque iterum ac tertio idem contigisset, armati plurimi pro limine, quia claudere nequibant, custodes steterunt; cumque ex alia parte acerrimo proelio certaretur, subito fama pertulit fusos a Tatio nostros. Quam ob causam Romani, qui aditum tuebantur, territi profugerunt, cumque Sabini per portam patentem irrupturi essent, fertur ex aede Jani per hanc portam magnam vim torrentium undis scatentibus erupisse, multasque perduellium catervas aut exustas ferventi aut devoratas rapida voragine deperiisse. Ea re placitum ut belli tempore velut ad urbis auxilium profecto Deo fores reserarentur.* Die *undae scatentes* symbolisirten die *aqua* der *aequitas:* die *urbs quadrata* blieb fortan unverschlossen nach dem *orbis* zu, die Vorstädter hatten freien Zugang und diese „Oeffnung", ein der Libertät von der Ingenuität gemachtes Zugeständniss, war das Werk des *Janus-Junonius* oder *Propitius*, im Bunde mit dem im Namen des Februars anklingenden Phöbus, Schutzpatron der Fabier. Es scheint darum nur so, als ob Juno, wozu ihr Name gebieterisch drängt, mit dem Januar nichts zu schaffen hätte, denn da die zweite Hälfte des Vestamonats ihr geheiligt war, so fallen ihre *sacra* in die ersten 14 Tage des Januars. *Phoebus auspicatur*: er ist καϑαρος und λαμπρος, alban. bέbε - α (neugeboren: bebend), bέbεζε - α (Pupille), wie sein Priester der Flamen. Mit dem Achäischen Zeitalter der Aexte und des Gerüchtes war die Vestaverehrung, was man schon an den Frauengestalten der Briseis und Chryseis wahrnehmen kann, unvereinbar: aus demselben Grunde sträubten die Sachsen sich so hartnäckig gegen die Taufe. Bei Hesiod folgen auf Vesta die Ceres, Juno, Pluto, Neptun, Jupiter. Unter dem Namen *Phanes* war dem Phöbus das Fanum geweiht, sammt der rothen Sturmfahne auf dem Feldherrnzelt und Admiralsschiff. Der Bannerträger von Florenz hiess *vexillifer justitiae*, Herr der *dies justi*, eine Vorstellung, die man gleichermassen mit der Aragonesischen *Justicia* zu verbinden hat. *Vexillum quod bandum appellant*, nennt Paulus Diaconus die Langobardenfahne, die roth gewesen sein muss wie die Rose von Lancaster: *lanae castra*. Die weisse Rose der Yorks kämpft für die *furca* des Φορκος oder Φορκυς (Weiss).

Phorcus und sein Geschlecht enthüllen alle Geheimnisse des heiligen und des weltlichen Jahrs: trägt er die Farbe der Vesta, so seine Schwestergemalin *Ceto* (Κητω — Hekate: Schwarzkætter) das Schwarz der Juno und des κηδος: Todtentrauer und Verschwägerung der σφαιρεις. Die Ceto hat die Cäritischen Tafeln und den damit identischen Heraklescult ins Leben gerufen, denn die Stadt, wo die Säulen des Herkules standen, hiess davon ξηρα, zum Beweise dass Herkules nothwendig mit Ceres gepaart werden muss. In dem Paare Phorkys - Ceto schliessen sich *quadrivium* und *trivium*, *quatriduum* und *triduum* zum Septenar der *mensa* und des *mensis* oder zum *porcetum* zusammen, wie in der jungfräulichen Vestalin Unschulds- und Greisenalter, in dem *custos Junonius* der Argus des Hausherdes (Io) und der bewerte Keiler. Aus dem Grunde konnte man im Alterthum füglich der Ansicht sein, Junius Brutus, ein Günstling der eifer- und streitsüchtigen Uranierin, habe während seines ersten Consulats dem Februar seinen Namen gegeben, weil er am ersten Junius, nach der geglückten Vertreibung der Tarquinier, der *Carna Dea* (Herzgöttin) auf dem Coelius ein Sacrum gelobte. Macrobius bezeugt von ihr: *ab ea petitur ut jecinora et corda, quaeque sunt intrensecus viscera, salva conservet*. In gleicher Absicht riefen die Arvalbrüder den Mars an:

Neve luerve Marmar sins incurrere pleoris!

Die von dem Geschwisterpaar Phorcus-Ceto erzeugten Kinder haben eine auffallende Gesichtsähnlichkeit mit den Sprösslingen, welche Juno dem Jupiter gebar: insbesondere die beiden *Γραιαι* (schwarz-weisse Krähen — *criardes*) und die drei Gorgonen, welche unter dem gemeinsamen Namen Φορκιδες die Bannzahl (πεντας) herstellen. Eltern und Kinder, wiederum ein Septenar, spielen eine ebenso seltsame als lehrreiche Rolle im Griechischen Alphabet, denn α β, γ, δ hat man als das Persische בְּנְתָא: Bagdad=schöngestaltet (engl. *big* — *fetus, vetus*) wie der *abacus* (viereckige *mensa*), ε, ζ, η, θ als ζητα: Zeit (= 7) und צֵידָה (Soldatenherberge)*) zu lesen und den viereckigen Raum von Phorkys als *purpuratus* (Vierer — Führer), die schildrunde Zeit (Woche — *wacta*) von Ceto als *clavata* zu verstehen. Die Nobilität hegt die Vestaheiligthümer (*vestis sancta*: Ueberkleid, *praetexta*), die *equites parati* pflegen die Junonischen *sacra* (*Juno* — *tunica*). Zählen die *seniores* als *pecudes* (Einzelnstück: Besthaupt), so die *juniores* als *pecora*: nach Herden oder Turmen, indem β, γ, δ durch den Mittelbegriff des Packens zum Mancipationsstandpunkt, ζητα zur ζητησις des Zeter-Geschreis: *schreiman selbe siebede, gerüchte* führt. Di *faculae* der Vesta vereinigen den βαγωας (ἐυνοχος) mit dem βαβαξ (*oscen*); *sanctimonia* und *sacra*-

---

*) Iber. jitz (Jagd) = צֵיד Zeit, צֵידָה Zehrung.

mentum aber unterscheiden sich wie Heiligkeit und Seligkeit, denn *sacramentum* meint den ritterschaftlichen Diensteyd, und dann das „Leggeld" vor Gericht, womit die Bestholer sich die silbernen Becher an der Standscheibe erschiessen. Ist der Jänner golden, so der Februar silbern; die Ehernen haben keinen andern Theil daran, als dass sie zu „fiebern" (zittern) haben. Aus einem Schatze, den er gefunden, weihte Mandrobulos von Samos der Hera im ersten Jahr ein goldenes, im zweiten ein silbernes, im dritten Jahr ein ehernes Schaf: ἐπι Μανδροβαλα χωρει το πραγμα, vom Maulthier auf den Gaul, vom Gaul auf den Hund, vom Salier auf den Ribuarier und vom Ribuarier auf den Chamaven (Kammaffen) kommen.

Ihre *purgatio* hatten auch die Plebejer im Rittermonat: es war ihre, auf den zweiten Februar fallende, Lichtmess, mit Allem was drum und dran hängt und schon Unzähligen durch das *februum* Fieberschauer verursachte. *Omnis purgatio aut per aquam fit, aut per ignem, aut per aërem:* durch Wasser reinigten sich die agnatischen *fontes* (*genera*), durch Räucherung ihrer Rauchhäuser die cognatischen *gentes* der Schöffenbaren, durch Luft die Gabelgelten, welche ihre *aera* (*aes*) auf den ἀετος abzuführen, als Einlüftige den Lichtmesszins zu zahlen hatten. Kehrten Römische Patrizier von einer Leichenbegleitung (*funus*) nach Hause, so mussten sie sich sofort einer durch Orpheus und Hesiod anempfolenen *suffitio*: Suffetenreinigung unterziehen, über Feuer schreiten und sich mit Wasser besprengen lassen. Die *interdictio aqua et igni* kam einer *capitis deminutio* gleich und begriff die Ausschliessung von den ἐμπυροι θυσιαι, in Spanien von den *iglesias juradoras* in sich.*) Schmückt die *abies excelsa* den Salhof (*heredium*) des Seniors, die *conifera* den Garten (*ager cuneatus*) der ritterschaftlichen Kunne (*cuneati: celeres*), so bleibt den Haderlumpen nichts übrig, als sich

---

*) Helfferich, Westgothen-Recht 317.

wie die immergrüne *hedera* emporzuranken, wo sie an Bäumen und Mauern eine Stütze finden. Für Wachhäuser, die auf den Ringmauern angebracht sind, schickt sich nichts besser als die Frucht der *tannus baccata*, die das Sauerkraut (*chrene cruda*) ebenso wohlschmeckend macht, als sie, auf Kohlen verbrannt, ein ausgezeichnetes Räucherungsmittel abgibt, wenn auch lange nicht an die Ambra der Goldenen heranreicht. Die Perser gaben dem Januar den Namen *Anámaka*, dem Februar *Varkazana*, jenem mit Rücksicht auf den Magen der h. Anna, Vesta, Berchta u. s. w., diesem, der Wölfetod (Würgezahn) bedeutet, wegen der Lupercalien und der Erwürgung fremder Wärwölfe durch die zahmen Wolfshunde Juno's und Odin's.

Die Natur der *februa* enthüllt, gewiss nach einer der ältesten Ueberlieferungen, der Albanesische Name für Februar: ´σκɑρτ-ι, kurz geschorener Schurmonat, daher ´σκɑρτε kurz (schartig), ´σκɑρτε-α Wachtel, ´σκɑρτεζε-α Strohhalm, ´σκρόνϳε-α *scriptura*, ´σρκἐτ öde, ´σκρετόιγ ich verwüste, ´σκέπες-ι Wetzstein, ´σκρεπετίμε-α Wetterleuchten, die *strepitus ventris* oder Fieberschauer, welche der „Spörkel" (Februar) den *spurci* durch die Schüttung in die Zehntscheuer und das Opfern der Sporteln in die *sporta* (Korb) verursacht. Der Juno war die *scriptura* des Aegyptischen *Thauth* nicht würdig: man setzte sie über die Kasse des Portoriums, wie die Vesta über die *Decimae*, und für die *scriptura* (σκαριφημα) schuf man die *Pallas Vibrans*, die *Februa* und den *Vibruus*." Diese Pallas ist jedoch eine entstellte *Pales* (Spreugottheit), obgleich die eigentlichen Palilien auf den 21sten April fielen. Das *stercus delatum* oder Stärkemehl der *fortes* und σκαρδαμυκτεοντες (μυω blinzeln) offenbart die bannrechtliche Wirkung des σκαριφος (Schreibstift zu den *tabulae Caerites*) und des σκαριτης: Augenstein des Krebses und Gallenstein des Fisches, der den durch Taubenmist erblindeten Tobias von seinem σκιρρος (Verhärtung) heilte. Die Grundanschauung bildet σκωρ: Dreck der Dreier, auch in σκωρια Schlacke, σκιρος Gyps, σκιαγραφια, σκορπιος Skorpion (der scurro als γνψ), σκορδον Knoblauch (Schurpflanze), σκορπιζω ausbreiten (auf der Tenne), σκερβολλω schimpfen (scheren).

Κητω Γραιας τεκε
Πεφρηδω τ' ἐΰπεπλον Ἐνυω τε κροκοπεπλον.
Schönen Gewands Pephredo, Enyo im Safrangewande.

Wie weit steht doch unsre abstracte Uebersetzungskunst hinter den anschaulichen Epitheten der classischen Dichter zurück! Zettelgewands Pephredo, Enyo in Einschlagbekleidung:

Jene im wollenen (ἐν) Saum- oder Spitzengewand, diese in *basse-lisse* oder Litzenkleid (*passe-poil*), dort die *toga praetexta* und hier die *tunica clavata* (*clavus*), dort ein ungenähter, hier ein zugeschnittener Rock. *Στημων* Zettel ist die Voraussetzung für die *aestimatio*: mit dem στημα als Stempel oder vorstehender Ruthe versehen darf kein Getaufter und *aestimator*, d. h. ἀστημος (*aestimatus*), sein; den Stempel zeigt allein der Hengst, nicht das Maulthier (מול beschneiden), wie die kriegerische Hera unverschleiert geht, nach dem Vorbild des nackten Ares, die Vestalin dagegen sich als Nonne verhüllt. Pheredo: פֶּרֶד, פְּרִידָא (*sola*), בְּרִיָה, בְּרִיאָה (*far pium*), *) בְּרִית πυρ, πυρος, *purpura, confareata* (Pfarrfrau), *furfurea, parata, feriata, feretrum, Freya,* Frau, Friedrike, Bertha, Barbara, *Furia* (Ἡρα = *ira*), *paradisus* (*vivarium*) sind ebenso viele Wechselbegriffe und synonym mit κυρια sowohl als *calata* (galant), da Pheredo aus πεφραδατο (φράζω) gebildet ist und קְלִי *far pium* bedeutet. In allen möglichen Wandlungen klingen פַּרְסִי und Bersin, בַּר (Barn) und Pyramide, פְּרָת (Eufrat) und פָּרָת (von süssem

---

*) Enthält die Begriffe Berittensein und Würdigkeit (Werth).

Weine trunken sein), פָּרְשׁוֹן (*stercus: donum* der *artes* oder Aersche) und פָּרְשׁוֹן (*quadrilitterum*: Bauernschiss) wieder. Die andere Graue oder Krähe: Ἐννω (ὑαινα) kommt auch als Δεινω vor und bedeutet Tenne, *) gleichwie ihr Krokusgewand in *couleur de tan* (Gerberlohe) gefärbt ist. Ihre grauen Haare gingen auf „Eni" und „Ahne" über, und da κροκη (Einschlag) dasselbe ist was ἐφυη, so hat Enyo für ἐφετος in dem Doppelsinn von *devota* und *cupida* zu gelten. Ihre Ritterbürtigkeit und Geldgier kann sie wegen der ἐφεται: zugleich Criminalrichter und Befehlshaber, nicht verleugnen und weil κροκοδειλος einfach aus κροκος und δεινω zusammengesetzt, in der Gier mit κροκοττας (Hyäne) aber identisch ist, so liegt es nahe genug, Februartenne und Lichtmessgülten mit ihr in Verbindung zu bringen. Mit unanfechtbarer Consequenz folgt daraus das cognatische Erbrecht des Ritteradels: ὑαινα = *sua*, das ὑστερον zum προτερον, was für den Verlauf der Römischen Rechtsgeschichte auch darum von grossem Belang ist, weil Pheredo, die dem Vater nachschlägt, präpositionell in παρα, Enyo, das Ebenbild ihrer schwarzen Mutter, dagegen in ἐπι (*oves, opes*) auftritt. Dass das Schwesternpaar mit grauen Haaren zur Welt kam, hat man von ihrer Unfruchtbarkeit gedeutet: unfruchtbar sind sie nicht im natürlichen, wohl aber im figürlichen Sinn, da sie Immunität geniessen und, anstatt in die Staatskasse zu steuern, diese umgekehrt ausleeren, nach der Versicherung des Menenius der guten Lehren wegen, die sie der *plebs misera contribuens* des Mutuums zu ertheilen für gut finden. Im A. B. C. wird das privilegirte und exemte Paar zu ι. κ. λ. μ. ν. ξ vereinigt: καλαμινθη, καλαμινθιος (Münzenliebhaber), καλαμος: Schreibrohr und Messstange (= 6⅔ πηχεις oder 10 Fuss:

---

*) Des Alcibiades Mutter *Deinomache* war eine würdige (δεινος) Magin: δεινος Becher = *taenia*.

β, γ, δ), Getreidemarkt, *καλαμις*: Haarnadel, Angel- und Leimruthe, die *hasta caelibaris* oder der silberne Pfeil, womit der Neuvermälten das Haar abgeschnitten wurde, nachdem sie als Jungfrau sich damit die Zöpfe aufgewickelt hatte. Werden beide Hälften auseinandergehalten, so erscheint Pheredo als *καλη* (*calata*), Enyo als *moneta* (Juno) oder *νομισμα* (*κερμα*: *charme* — *μαγγανον*, מָנֶי Babylonische Venus), so charmant wegen ihres *μαννακιον* (Halsband), das ihr würdiger Vater Phorkys durch *μαγγανευειν* (*furari*) zusammen fügte, denn alle Magier (Mägen) müsten sich den Bauch durch *μαγγανευμα*: *manx*, *Jupiter mactus*. Der Hochmögende braucht blos auf den מָנִי oder dem *καλαμος* (Rohrpfeife) rasch zu fingern, um ein *μακαρ* zu werden: Raschheit ist keine Hexerei und thut Alles beim *μαγγανευειν προς τυς Θευς*. Wie nur ein Kadmus die Burg von Theben, so konnte allein ein Gorgos Ambrakia: Friedensstätte für Ambra (engl. *ambergris*) und Ambrosia, erbauen. Im Dienste der Pheredo hatte der *Pontifex Maximus* das *aerarium*, der Consul, weil *K'hunsu* im Aegyptischen einen Getreideschütter bedeutet, *thensae* und *horrea* zu verwalten, letzterer im Auftrag der Enyo: *unio*, Innung.

Repräsentiren die Grauen die 2 oberen Stände, so die Gorgonen die 3 unteren tributären Classen: *γεωργοι*, Georgis. Sie stehen unter den Buchstabenzeichen *ο, π, ρ, σ, τ*: *praestatio*, Prast (Mühsal) der Indischen Vanabrasthen oder Seidler (*forestarii, forenses*), von deren Brüsten die beiden oberen Stände sich reichlich nähren. *Fornicatio* und *prostitutio* stehen auf ihrem mit dem *porcus* (*furca*) bezeichneten Banner: *sub furcam ire*, unter dem Saustecken durchschlüpfen, liess man die Kriegsgefangenen, um sie damit für *hostes* (Knechte) zu erklären. In einem Gemeinwesen, wie das Römische, dessen Lebensnerv das systematische Kriegführen und ununterbrochene Erobern war, müssen die Kriegsgefangenen theils auf dem *ager publicus*, theils auf den Privatgütern der höheren Stände eine ganz unberechenbare Wichtigkeit erlangt haben, denn aus ihnen zumeist rekrutirten sich die *familiae* in Stadt und Land, sowie in Folge der *manumissio* die Reihen der Plebs. Die für die ältesten Zeiten Roms angegebenen und durchaus glaubwürdigen Bevölkerungszahlen wären ohne diesen unfreiwilligen Zuwachs gar nicht zu begreifen, und hätten die alten Könige dem Augustus das Beispiel zu der unerhörten Grausamkeit gegeben, dass er zur Sühne für Cäsar's Tod 300 Gefangene abschlachten liess, so wäre die ewige Stadt niemals Herrin der Welt geworden. Andrerseits musste ein Römischer Bürger, der seinen Rücken unter die Gabel hatte beugen müssen, seines Bürgerrechtes nothwendig verlustig gehen und allein das religiöse Band der *sacra* blieb nach wie vor bestehen.

Die Gorgonen sind Kinder der Gäa und des Gy: weibliche Giganten, $\Sigma\vartheta\varepsilon\nu\omega$ und Ἐυρυαλη unsterblicher, Μεδυσα, zugleich Tochter des Priamus, sterblicher Natur. Stheno meint Stein: der Stein des Sisyphus rollt immer wieder vom Σισυφειον auf Akrokorinth in die Niederung, und das *saxum Tarpejum* lässt einen daran Festgeschmiedeten so wenig wieder los als der Kaukasusfels den Prometheus, der den Olympiern ihr πυρ und damit ihren πυρος zu stehlen sich unterfing. Die Uebereinstimmung von Feuer und Vier folgt einfach aus der Gestalt des Herdes und Altars, auf welchem *ignis* und *bersin* die *agna* und *porca**) verbrennen. Weil er gegen den Pharisäerstein gesündigt, wurde Stephanus gesteinigt: σϑενος und στενεια charakterisiren den *pugil* als unberittenen *pugnator*, somit das π in der *praestatio* (*prestus*: *mutuum*), auf welches das ρ in Ἐυρυαλη: *lata* =

---

*) Junonische Opfer enthalten auch die Namen Porsenna und Porcins, sowie die Begriffe Börse und Birsnimrud. Vornehm oder Fürnehm ist wer einen Vornamen hat, nach dem Feuer benannt ist.

Leda folgt, und zwar als Vertreterin des flüssigen (ϱυας) Schafrechts (ἐυ). Castor und Pollux, welche fortwährend ihre Plätze in Ober- und Unterwelt wechseln, nachdem *jus* und *fas* Wechselbegriffe geworden waren, verdanken beiderseits dem ϱυαλον (ϱυαξ Lavastrom der Phlegräischen Felder) ihre Unsterblichkeit. So bleibt der Medusa die Vertretung des ς (σ und τ): Meide- oder Magdeburger Bann der *gente medoa*, das μεδειν *(medicare)* des μεδιμνος an der „Statt": Gerichtsstätte, die nicht mit dem Blutbann ausgestattet wird, weshalb der beflügelte Perseus, der die Rechtsgewalt der beiden oberen Stände in seiner Person vereinigte, ihr auf grasiger Wiese das Haupt abschlagen, nämlich das Maigras mähen konnte. Aus dem Blute des Medusahauptes entsteht Χρυσαωρ: χρυσος als kostbarstes Werthmetall der Börse und des Wergeldes, ursprünglich κριϑαι, weshalb unter κριτης ein Schöffe zu verstehen ist.

Ganz ähnlich wie die Gorgonen hat man die Hesperiden zu deuten, so dass die Tribusgemeinde vollständig gegliedert erscheint, noch schärfer in ihren Unterschieden abgegrenzt durch die 12 Zeichen des Thierkreises, von denen Widder, Krebs, Waage, Steinbock auf die **Oberen**, Stier, Löwe, Skorpion, Wassermann auf die **Mittleren**, Zwillinge, Jungfrau, Schütze, Fische auf die **Unteren** kommen. Die Tribushieroglyphe ist = ⌂ *kah* = γα = *pagus* oder Gangesgarten. Wo aber bleibt die πεντας? Auch für den Schwanz haben Phorkys und Ceto (κητος = φωκη = *vacca*), Farre und Kuh. gesorgt und zwar durch die Erzeugung der Scylla und Charybdis, denn dass Θοα nichts anderes bedeuten kann als Wirbel, Strudel, liegt auf der Hand. So geschicht es dass κητος *desinit in atrum piscem*: einen Aegyptischen Tintenfisch, der, gleich der Sirene und Loreley, die bethörten Schiffer in seine Wirbel und an die *tres scopuli* der Südwestküste Campaniens locket, um sich vom Strandrecht zu mästen. Auf die Weise wird Scylla eine

Zerschellerin und Charybdis eine Harpye, durch welche bereits die Argonauten so unangenehm belästigt wurden. Gleichsam als Harpyenschmutz: *turpitudines*, Sirenenschwänze wurden dem Griechischen Alfabet *v*, *φ*, *χ*, *ψ*, *ω* angehängt: *φυκης* Pickling, *φυκος* Meertang der Schellen, *φυκιοχαιτης*: „Viecherl" (feig), *ψοια* Gestank des Harpyendrecks, *ψωκτοι κακεις* (*ψαιστα*), *cakes* und Pasteten, Mäusedreck und Coriander der ungeregelt ab- und zufliessenden, mit jeder Ebbe und Fluth wechselnden Fremdenmasse der Proletarier *(puants: putidi)* und Brüllaffen (*velites* = *feles*), hinsichtlich deren die XII Tafeln verordneten: *Cui testimonium defuerit, is tertiis diebus ob portum* (= *brotium*) *obvagulatum ito*. Dem üg. *Thoth*: Tod als *infelix litera theta*, verfallen, stellt der Proletarier einen engl. *toad-eater*: Kröten- d. h. Grätenfresser mit dem Geschmack und Instinkt einer mausenden Katze vor. Unter dem *ψ* (*ψιλοι*) der Graminaceen (Körner) richtet der Psittacus dieselbe Verwüstung an wie der Tod unter dem Proletariat, indem er das Todesamt als *θηκη* des *ψ*, oder Etrurischen Tages = *decanus* = Dachs = *δεχομενος* = Tiger übt.

Porci effigies inter militaria signa quintum locum obtinebat: hinter Adler, Pferd, Wolf, Minotaur kam der *bric-à-brac* des Pariser *Temple*: Tümpel = *Velia*, wo die *Velites* ihr Fell zu Markt trugen und feil boten. Die Schweine bildeten den Stand des gebroteten Gesindes, das von den ihm zugeworfenen Brocken der höheren Classen der Palatiner, Esquiliner, Suburaner und Colliner in allen möglichen Dienstverhältnissen, insbesondere auch in den Reihen der Miethsoldaten (Lanzknechte) lebt. Die Verwandtschaft der Säue ist blosse Affinität: Affenverwandtschaft, indem sie sich mit ihren Jungen so lang auf den Bäumen und in den Gärten Anderer aufhalten, bis die Brut auf eigene Faust zu stehlen und der natürlichen Fortpflanzung in wilder Ehe obzuliegen im Stande ist. *Prandarius* nannte man den *servus familiaris*: der Brandfuchs in der Studentensprache, von der Familie der Heuerleute, Höker, *prolixi* d. h. Läuse, die auf und nach Köpfen (*capite censi*) zählen nnd auf der „*afsid*", dem Frankfurter Affenstein, sich herumtreiben. Aus solchen fluctuirenden Menschenhaufen und ihren Tugurien sind die Zigeunerhorden entstanden, das Gesinde in der Weise des Gesindels, dieser allgemeinen Landplage, die selbst durch die 40tägige Sündflut so wenig umzubringen war, als die Feldmäuse durch eine Ueberschwemmung. *Precaria i. e. servitium*: für ihre Schelmenstreiche und Prellereien (*praedationes*) werden die lungernden und verschmitzten Tagediebe geprellt (*ags. swingan*) und gepresst (*prelum*), ganz besonders zum Ruderdienst auf den Staatsschiffen: *prisis: vis, prexio: prison*.

Proletarius publicitus scutisque feroque
Ornatur ferro, muros urbemque forumque
Excubiis curant. (Ennius.)

Solchen Scharwachendienst setzten im Mittelalter die *proeliantes, privatiani: officiales comitis rerum publicarum (nitentium), prestaldi: executores judicum nobilium, pridiani: aeditui* fort, wahrscheinlich die meisten als *galériens* mit dem *ferrum ferum* gezeichnet oder gebrandmarkt. Meldeten sich Unbescholtene, so wurden sie nur auf *proba, probatio* ihrer Brauchbarkeit und ihres Wohlverhaltens angenommen. *Pro* hatte im Mittelalter den Sinn von *par: pares* aber sind die Gebroteten wie die Brotgeber (*hlaford*). Wer das Handgeld (*arrha*) einmal genommen und zur Fahne geschworen hatte, der wurde, wenn er den Bann brach, vom Tarpejischen Felsen gestürzt: *proletatus = gesteinigt*, in die Lethe geworfen. So hängt das Proletariat mit *proelium, brolium, broilum, broglio, imbroglio*, Brodel (*brodum*: franz. *jus*), Bordel, Bramarbasiren zusammen; vom Himmelreich ist der Brodel nicht mehr ausgeschlossen, seitdem der Heiland am Kreuz dem Barabas die Versicherung gab, es sollen sich ihm seines Glaubens wegen die Pforten des Paradieses öffnen. Ein Capitular v. J. 820 verordnete: *Nolumus ut liber homo ad nostros brolios operari cogatur.* *Improlus* hiess den Römern: *qui nondum adscriptus esset in civitate*, keinen Zutritt zum Lupercal der Velia (mittelalt. *brodia*), nämlich der Spitallaube, hatte. Dem *L. Piso* folgend macht Dionys (IV, 15) die Bemerkung, König Servius habe in seiner Catasterordnung bestimmt: Τῷ μη τιμησαμενῳ τιμωριαν ωρισε της τε ὀσιας στερεσθαι, και ἀυτον μαστιγωθεντα πραθηναι i. e. *sub hasta* (mittelalt. *bropa*: Pfropf) *venire*. Brühle oder sumpfige Röhrichte mussten durch die Proletarier drainirt und in Parke umgewandelt werden, weshalb nichts im Wege steht, die *luci* für gleichbedeutend mit den späteren *brogili* zu halten. *Brollo* bedeutet im Modenesischen Baumgarten, in Mailand *brolium* ein *viridarium* (*bera*: Planie), in Venedig *broglio* den Versammlungsort der Geschlechter, wovon *far brojo* oder *broglio* den Sinn erhielt: über die Ausweisung unnützer und die Bürgerannahme oder Amtswahl tüchtiger Subjecte sich berathen. In der *Velia* wuchs das Weidengebüsch zur Herstellung von *vimenta*, nämlich Körben aller Art, somit auch der Höken, in welchen die Höker ihre Waaren, darunter das jetzt noch als Brennmaterial in Rom benutzte Röhricht, feil bieten. So konnte es geschehen, dass *privus* einen Privilegirten ausdrückte, der mittelalterliche *privatus* aber, hinter dem *curialis* und *plebejus*, einen Menschen ohne alle bürgerliche Stellung. Bruder Höker und Bruder *pregado* leben auf gleichem Fusse, nämlich vom Profit machen (*breu*): *praesidium*: *peculium*, *praestoria*: *precaria*, *prienta*, *proda* Steuer. Unter *processus* verstand das Mittelalter die Excommunication, unter *proclum* (*procul!* Prügel) Abscheu, Verwünschung, unter *infortiatus*: *in quem ultima excommunicationis sententia lata*, gleichsam von der Natter (*furo*) gebissen, so dass es den Anschein gewinnt, als ob das gerichtliche „Urtheil" unmittelbar an *far brojo* heranreichte, da *orta* und *ortal* Baumgarten bedeuten, der als Gemeindeeigenthum zur Abhaltung der Ordale (*proelia*) benutzt wurde. Das „*freie bruoh*" war freies Markeigenthum, „*nachtheimgarten*" bei Berthold, als solches eines Obereigenthümers ledig, denn die echte Freimark musste „herrenlos" sein. Die Tyroler sagen für Besuche machen: *in heimgarten gehen* (Hamburgern). Auch im Flämischen behielt *briel* den Sinn von Bau- und Arbeitsplatz: Torfbriel, Groebenbriel*), *braga* eingedämmtes Bodenstück, *presa* und *bria* Brücke, poln. *brod* (Brody und Borodino), weshalb Tarquinius Superbus, indem er die gesammte Bürgerschaft zwang an dem Abzugscanal der Velia zu arbeiten, seine Absicht zu erkennen gab, aus ihr eine Latinische Plebejergemeinde von Farmern zu machen, nachdem sich bereits der ältere Tarquinius mit dem Gedanken getragen hatte, 3 plebejische Tribus zu schaffen. König Arthur's *priwen* (Schild) begründete die *praestimonia* (Kelchlehn), ursprünglich auf der Staatsdomäne: *praedium*, *bradia*, *braieria* (Brauerei), *praebenda*, *praecincta*, welche Rittern sowohl als Proletariern zu Statten kam, daher die Erbitterung des *Junius Brutus* und seiner „Brüder" (Cameraden) gegen die Tarquinier.

Das weltliche Jahr wurde mit dem März eröffnet, aber nicht geführt durch das Streitross des Mars, sondern von dem Seepferd Neptun's. Der parsische Name für März: *l'iyakhna* muss von קָבַי *fortis* abgeleitet werden, mit der Beschäftigung des Jagens als Gewinnerjagung im weitesten Sinne des Wortes, zu Wasser sowohl als zu Land. Eine Kesseljagd hielten die beiden oberen Stände um die gefüllten Schatzhäuser und Zehntspeicher, indem sie sich ihre Gehälter aus dem Tempel der *Juno Moneta* und den *thensae*

---

*) Der Name Groeben stammt davon, gleichbedeutend mit Gruber.

(Tüneden) holten, was ein recht anschauliches Bild von
dem regen Treiben im Märzmonat gibt, denn während die
Oberen die Kästen leerten, eilten die Unteren nach allen
Seiten auf das Feld, um sie von Neuem füllen zu können.
Man hat deshalb mit יכן zugleich die Vorstellung der Jochung
zu verbinden. In solchen Fragen namentlich muss der
Gegensatz von Oben und Unten, Hochstatt und Mark um
so schärfer ins Auge gefasst werden, als bei gehöriger Berücksichtigung desselben die Archäologie ganz untrügliche
Anhaltspunkte für die Bestimmung der Lage und Bedeutung
öffentlicher Gebäude gewinnt. Auf den Mehrmonat an der
Spitze des bürgerlichen Jahres folgt ein Mindermonat unter
der Führung einer weiblichen Gottheit, der Minerva.
April ist gleichbedeutend mit *capra* und $\dot{\alpha}\varphi\varrho\varsigma$ (*semen*), und
da bei der alten Jahreseintheilung, wonach der Anfang des
Kirchenjahrs auf den 17ten December fiel, sich 2 Götter
in den Monat theilten, so ist es ebenso natürlich, dass der
Widersacher der Athene gemeinschaftlich mit dieser den
März hindurch waltete, der Oelbaum nach dem Meerpferd,
als dass Athene und Venus, $\dot{\alpha}\iota\xi$ und $\dot{\alpha}\varphi\varrho\varsigma$ die gleiche
Doppelherrschaft im April führten. Es ist Pallas gemeint,
wenn am 21sten April die Palilien unter Verbrennung von
Stroh- und Heuhaufen begangen wurden, aber nicht die
friedliche Athene, sondern die $\Pi\alpha\lambda\lambda\alpha\varsigma$ $\Pi\varrho o\mu\alpha\chi o\varsigma$, die der
Athene vorangeht, weil sie den Heerbann führt und das
fertum oder die Fourage der Enyo (franz. *ennuyeux*) einzufordern hat. $\varDelta\varepsilon\iota\nu o\varsigma$ ist ein vortreffliches Epitheton für die
$\Pi\varrho o\mu\alpha\chi o\varsigma$ und für den *Bâgayâdis* (April) der Parsen, denn
גב meint Gebäck (*fertum*) und *di*, von רָאָה, ist gleichbedeutend mit goth. *dius* Thier, *thius* (ירד) Knecht, *thiuth* Gut.
Was konnte also näher liegen, als die Geburt der Venus
in den April zu verlegen, der Anadyomene sowohl als der
Victrix (*rincire* — *vincere*), und die Vorliebe Cäsar's für
sie sich dadurch zu erklären, dass er durch das *fertum*:

buccellatum, Commissbrot alle Bürger wehrpflichtig und die oberen Stände zur *sponsio* mit den unteren, namentlich aber auch zum Speien (Steuern) zwingen wollte! Im Sprudeln (*spuma* = άφρος, darum Afrikanisch) begegnen sich der Badeort Spaa und der Türkische Spahi (Späher); Spann und Viehstapel (*stabulum*) bilden die kostbarsten Schätze einer Bauernwirthschaft, und so oft früher ein Bodenbesitzer starb, hatte der Deichgraf „Spaten und Spannung" zu besichtigen, wofür ihm das Besthaupt als Sportel gebührte. Span und Spannung stehen nächst zu Spinne und Spindel, daher *span* im Sinn von Streit, Process: Spannung, es entspinnt sich, spinnenfeind, häufig in den mittelalterlichen Urkunden vorkommt: 5 β *Ion sollen die geben, die sollich irrung oder spann gemacht haben*. *Spurii* sind die besporten Spürnasen (*canes*) ohne Unterschied: σπυραθος Schafmist, σπυρις geflochtener Korb und fallen mit ihrer heiligen Zeit in den Junospörkel. Aus dem Albanesischen lassen sich damit vergleichen: ΄σπαγόιγ ich vergelte (spanne), ΄σπάτυλε-α Schulter, σπαλ ich entdecke (spalte), ΄σπετίμ-ι Errettung (Sputung), ΄σπέλε-α Fels (Spalte), ΄σπέ̄σε saepe (ital. spesso = Speise, Spesen, *spes*), ΄σπόιγ ich durchbohre (spucke), σπυν ich zeige (*spondeo*, spunde, spende: *andometo*), ΄σπνυζε-α glühende Asche, ΄σπόρτε-α: σπορις, σπρίτκε-α Milz (σπλην: spleen), ΄σπερέιγ spero, ΄σπιρα spiratio (spira), σπίρτ-ι spiritus. Es entspricht vollkommen dem Kalenderschema, dass die Sage den Romulus im März, den Remus im April geboren werden lässt, gleichwie die Temperamentenlehre nicht weniger sachgemäss den hitzigen und trockenen October (Mars) mit der warmen und feuchten Venus (April) paart.

Heu und Stroh werden an der Palilien verbrannt, weil auf dem Märzfeld (*campus martius*) entweder kein Feldzug beschlossen oder der beschlossene bereits zu Ende gebracht wurde. Die Identität von Pheredo und Pferd, sowie die nahe Beziehung von ποσις und ποσθια: Gerstenkorn, als

Vorposten am Auge, verrathen deutlich die intimsten Beziehungen zwischen der weissen Krähe und Neptun, Beziehungen, die in der Doppelherrschaft der Venus und Apollo's in dem von Segen triefenden, der in ihn fallenden Schafschur wegen besonders werthvollen Wonnemonat noch inniger wiederkehren.

Mensis Maius
Sol Tauro
Tutela Apollinis
Segetes runcantur
Oves tunduntur
Lana lavatur
Segetes lustrantur
Sacrum Mercurio et Florae.

Auch der *Mater Matuta* oder *Leucothea* (Levkoje): Ino als Meergöttin muss er geheiligt gewesen sein, indem die weisse Levkoje unserer Marienblume entspricht; zwischen *tutelaris* und *sacer* aber wird wohl der Unterschied bestanden haben, dass *tutela* die weltliche, *sacrum* die geistliche Herrschaft ausdrücken sollen. Die Gottheit, der die zweite Hälfte eines Monats *sacer* war, übernimmt die Tutela (Patronat) im nachfolgenden, so dass der Minerva der März, der Venus der April *sacer* gewesen sein muss, weshalb *sacer* beim Patron einer *capitis deminutio* gleichkommt. Im zweiten Langmonat nimmt das Gorgonenregiment seinen Anfang und Stheno dürfte in dem nach Steinen (20 Pfund) berechneten Wollenvorräthen ihres Amtes vorzugsweise gewartet, die *praestationes* überwacht haben. Die Parsen gaben dem Mai den Namen *Thuravâhara* Thorfahrer (חור), Thors- oder Turanische Ausfahrt, weil sie in diesem Monat zu Felde zogen; *Bahman* heisst er bei Firdusi von בְּהֵמָה *bestia*, dem auf die Alpen getriebenen Zahmvieh, das Böhmische בְּהֵמוֹת (Nilpferd), denn der Dichter streitet für das friedliche Schaf von Iran, was der kriegerische Schah nicht leiden mochte. Fallen März und April den beiden oberen

Classen der Palatina und Esquilina, der Erlen und Pfähle, Eorls und Ceorls zu, so wirthschafteten im Mai zumeist die Wölfe der Subura im Dienst der Euryale (Schwimmwolle), deren Name für Schafschur und Wollenwäsche nicht glücklicher ersonnen sein könnte, zumal wenn man das Verhältniss der Leda: im leichten λῆδος leidend, zur Helena, die sich in warme und schwere Wollenstoffe kleidet, mit in Betracht zieht. Im Juni, unter der Tutel Mercur's und dem Jupiter *sacer*, erhebt die Medusa ihr blutiges Haupt unter dem Banne des Minotaur's, dem die Colliner folgen, denn Hermes sorgt durch pünktliche Uebung des Meidebannes für die Heiligkeit seiner Hermen. Im zweiten Kurzmonat wurden die Scherbengerichte, ein Vorrecht des Juniorats, gehalten und darum musste der Monat dem Jupiter geheiligt sein. Zu dem Fraisch oder Froschsprung der Ausgescherbten werden sich wohl auch gerichtliche Zweikämpfe und Hinrichtungen gesellt haben, so dass man den Junius als Bannmonat bezeichnen könnte. Das blutige Medusenhaupt wirkt versteinernd auf dem Felsen der feilen *Tarpeja*: darum fand der Sprung in das βαραϑρον der *Velia* statt, und eben dieser Sprung war es, dem Theseus durch Erlegung des Kretischen Minotaur's bei den Joniern ein Ende machte. Die Reinigung von Stadt und Mark, welche der Ostrazismus der *Athene noctua* bewerkstelligte, liegt auch im Parsischen *Adukanna* (Juni): עַד — *ad*, כָּנֵה Reinigung, Jätung, *runcatio*, Hobelung (*runcina*).

Der von Jupiter geführte und der Ceres heilige *Quintilis* gewinnt dadurch eine besondere Bedeutung, dass er auf den Vornamen Cäsar's umgetauft wurde: in der leicht zu errathenden Absicht, in ihm den Vorläufer des h. Georg's und Tödter des Drachens, welcher unaufhörlich die *Quintiliani* in der Scylla und Charybdis würgte und bedrängte, eine leibhafte Seeschlange, zu ehren. In Cäsar schlug in der That eine christliche Ader: er könnte in gewissem

Betracht der *Joannes baptista ante baptistam* heissen, weshalb die Römischen Juden den Ermordeten als einen halben Messias beweinten. Ihm gebührt das Verdienst, dem Proletariat eine bürgerliche Stellung verschafft, gleichsam den Zugang zu der Spitallaube geöffnet, das φ, χ, ψ oder „Viecherl" zu Ehren gebracht zu haben. Was längst vor ihm *Servius* für die Colliner gethan, das that Cäsar zum Besten der Proletarier, die er von der Dienstbarkeit durch denselben heiligen Betrug loskaufte, den Jehovah den Juden bei ihrem Auszug aus Aegypten nicht nur gestattete, sondern anbefahl. Wie die Juden die von den Aegyptern entlehnten Gefässe aus kostbarem Metall mitnahmen, so entnahm Cäsar als Pontifex Maximus dem Aerar, das unter seinem Königsbann stand, 5 Millionen Thaler, womit er die Armen und Beschwerten der Bergpredigt von ihrer Dienstbarkeit loskaufte. Der Julius im Kalender ist das schönste Ehrendenkmal, das dem Cäsar gesetzt werden konnte, und die Bergpredigt seine Parentation. *Garmapada*: Hitzemonat, heisst der Julius der Parsen, in Wahrheit das Erbarmen der גֵרִים (Gäste: Gergesener), גְרִים (gierige Gören), denen das Wühlen, nämlich Aehrenlesen, auf den Stoppelfeldern gestattet ist — Gänsen wie Säuen. Die erbauliche Erzählung von der Ruth gehört zu den kostbarsten Perlen des Alten Testamentes: die Parsen konnten sich nicht dazu entschliessen, ihren גֶרֶם (*germen*, Getreidespeicher), den die *Ferwerdir* (בְּרְבָה *barbarus**) oder Paradieshüter (Seraphim) zu bewachen haben, allen Mühseligen und Beladenen zu öffnen, wie Joseph die Pyramiden Aegyptens seinen Brüdern öffnete. Aus dem Paradiese vertrieben, wirthschafteten Adam und Eva als Gebrotete, die kein גֶרֶם (*crême*) einheimsen: פָּרַע = פָּרָה, keinen christlichen *Garmapada* feiern.

---

*) Diesen Sinn von Söldlingen (*hastati, hostes*) hatte zuerst *barbarus*, auch beim Berber der Arvalbrüder.

Kaiser Augustus setzte das Werk seines Adoptivvaters einfach fort, als er den Sextilis oder Sestermonat der *sexcenti* in den August verwandelte. *Senarius, qui cum uno conjunctus septenarium facit, variae et multiplicis religionis et potentiae est; primum quod solus ex omnibus numeris, qui infra decem sunt, de suis partibus constat. Habet enim medietatem et tertiam partem et sextam partem: et est medietas tria, tertia pars duo, sexta pars unum, quae omnia simul sex faciunt. Humano partui frequentiorem usum novem mensium certo numerorum modulamine natura constituit: sed ratio sub asciti senarii numeri multiplicatione procedens et jam septem menses compulit usurpari; quam breviter absoluteque dicemus duos esse primos omnium numerorum cubos, i. e. a pari octo, ab impari viginti septem: et esse imparem marem, parem feminam superius expressimus. Horum uterque si per senarium numerum multiplicetur, efficiunt dierum numerum qui septem mensibus explicantur; coëunt enim numeri mas ille et femina, octo scilicet et viginti septem, pariunt ex se quinque et triginta; haec sexies multiplicata creant decem et ducentos: qui numerus dierum mensem septimum claudit. Ita est ergo natura secundus hic numerus, ut primam humani partus perfectionem quasi arbiter quidam maturitatis absolvat. — Aut septuagesimo aut nonagesimo die conceptus movetur; dies ergo motus, quicunque fuerit de duobus, ter multiplicatus, aut septimum aut nonum explicat mensem.*[*]) — *Libris anatomicorum consultus verum reperi, nervum quendam de corde natum priorsum pergere usque ad digitum manus sinistrae minimo proximum, et illic desinere implicatum ceteris ejusdem digiti nervis: et ideo visum veteribus, ut ille digitus anulo tamquam corona circumdaretur. Apud Aegyptios complicatus senarium numerum digitus iste demonstrat, qui omnifariam plenus, perfectus atque divinus est.*[**])

[*]) *Macrobius in Somn. Scip. I,* 6.
[**]) *Saturnalia VII,* 13.

Die Anspielung bezieht sich zumeist auf die 35 Tribus, welche das Augusteische Zeitalter zur Einheit zusammenschloss, und zwar in Folge der Beseitigung des Senars und Ersetzung desselben durch den Septenar der ἀσπις ἐυκυκλος. In das Geheimniss des Senars als einer mit 2 multiplizirten Terne, sodann des Doppelsenars oder Duodenars als = 3×4 drang zuerst König Servius ein: Senar und Duodenar hat man ersteren auf Apollo und seine Musen, letzteren auf Jupiter zurückzuführen, während Ceres den August schützt, wie Vulkan ihn heiligt. *Numeri tantum sex ad conficiendam musicam apti:* musiciren können nur 6 Musen, und ohne den Senar fehlt die harmonische Einheit unter den Bürgerclassen. Mit dem Taufnamen Augustus legte der Sextilis seine frühere Eigenschaft des auf den *Quintilis* folgenden sechsten Monats ab: das Schafrecht (*ἐυ*), das alle Bürgerclassen gleichmässig umspannte, wie das *fertum* die Bestandtheile des Heeres, vertrieb die Pentas vollends aus dem Kalender und brach ein und für alle mal mit dem Pythagoräischen Pentagramm. Der Pythagoräische Staat ist grundwesentlich dactylisch und fordert in seinem Lehrsatz die *fuga miserorum:* den Bann der mausenden Mäuse und mausernden Meisen. Das Quadrat der Hypotenuse ist gleich den Quadraten der beiden Katheten gibt, ins Staatsrechtliche übertragen, den Sinn: *Ramnes - Bramanen* (Fromme) sind als Stammholz oder Schwelle so viel werth als die καθετοι (auf- und absteigend) der beiden Kitten, nämlich der Tities und der Luceres, oder der Verehrer Wischnu's und Siwa's. Der Satz, der durch das Verbot des Bohnenessens zugleich mit den *Quintiliani* die *Fabiani* in die Flucht schlägt, von der Charybdis in die Scylla und von der Scylla in die Charybdis jagt, bedarf jedoch einer höchst wichtigen constructiven Ergänzung, denn wenn man das Wischnu- und das Siwadreieck regelmässig übereinanderlegt, so gibt das kein dreifach verschlungenes Dreieck, sondern ein Sechseck. Verbindet man nun die zwei Ecken auf beiden Seiten durch eine Scheitellinie mit einander, so kehrt der Pythagoräische Lehrsatz in der Formel wieder: die Grundlinie des auf die Weise gebildeten Rechtecks ist gleich den beiden Seitenlinien, wie die gleichseitigen Dreiecke Wischnu's und Siwa's zusammengelegt das Quadrat Brama's bilden. Der Satz kann in theoretischer Beziehung wichtig werden, und ist es bereits in praktischer, weil er das Verhältniss des *Decimanus Maximus* zum *Cardo Maximus* bei den Agrimensoren bedingt: 4 : 2. Mit der Pentas hat Augustus nothwendig auch die Dekas der privilegirten Ochsen beseitigt und an ihre Stelle die Zwölfe der Sächsischen Vollschöffen gesetzt, während die Sechse den Schwäbischen Landschöffen oder Hubern entspricht.

Der von Ceres geführte und von Vulkan geheiligte September entspricht dem über Alles heiligen Wochensiebener: *Septenarius — qui rerum omnium fere modus est — lunam-quasi movet; septem et octo* (15) *anima mundi contexta; septenarii decas vivendi meta* (Synedrium); *Virgo et Pallas vocatur; constat vel ex uno et sex, vel ex duobus et quinque, vel ex tribus et quatuor.* Mit einem Worte: Sieben stellt die ἀσπις ἑἴση der Pallas vor, im Namen des Gleichheitsmonats aber verbinden sich der Pferch und das Gehege (*septum*) mit mag. *ember* (Mensch), so dass Septembergut nothwendig Colonialbesitz gewesen sein muss, da das Collegium der Septemvirn zur Ausmessung und Vertheilung des *ager publicus* eingesetzt war. Hier liegt der Schlüssel der Weife (Schweif) und des Schwabenrechts, des gemeinen Kaiserlichen im Gegensatz zum Sächsischen Herzogsrecht. Der Colonist darbt des „Gerüchtes" und hat schweigend ein Urtheil in der Trierer Laube zu holen. Das Recht der Küre soll damit jedoch den Kaiserlich-Schwäbischen Siebenern, überhaupt dem Sibyllenrecht, dessen Zug von Rom nach Cumä ging, wie der Schwabenzug nach Trier, keineswegs abgesprochen werden, denn *septum* meinte ja den eingeschrankten Platz, wo in Rom das Volk seine Stimmen abgab. Man übersehe aber ja nicht, dass *septum* kein *ovile*, vielmehr für das σεβας und die niederen Wahlen der Sebastiane hergerichtet war, das *ovile* des Marsfelds dagegen den *exercitus* und dessen Wahlstimmen in sich aufnahm. Der Unterschied war so gross als im Deutschen der von Willküre und Bauernküre. Sieben Schnittchen und Eine Suppe: das heisst Schwäbisch. *Ember* führt schon durch die gelbe Ambra und das Thierkreiszeichen der *amphora* oder des Wassermannes auf die zweite Stelle im letzten Viertel der südlichen Gradmessung und steht der Wassermann von dem entsprechenden Löwen des ersten Viertels genau so weit ab, als auf der nördlichen Hälfte der Scorpion von dem Stier. Am 23sten September feierten die Römer ihren Jahrmarkt und Streitigkeiten, die da vorkamen, wurden Trierisch entschieden.

Es ist rathsam, in den Römischen September die Assignationen der im März des nächsten Jahres abgehenden Colonistenzüge (*ver sacrum*) zu verlegen: hier fahren die Säcke, nicht die Bauern, und wenn nicht Alles täuscht, so war das auf den 8ten September fallende Fest von Mariä Geburt der Assignationstag, an welchem jeder Colonist den Zettel seines künftigen Ackerloses (*sors*) in Empfang nahm, nämlich aus der Amphora (*tombola*) langte. Durch das Lotto gelangt der Late zu einem goth. *hlauts*. Als Geleitsmann stellt sich, nachdem sie ihre Lose gezogen haben, Vulkan an die Spitze der Rekruten und hat die Vorarbeiten dessen zu verrichten, was nach erfolgter Niederlassung Vesta fest und dauernd zu machen hat. Dem von Vulkan ins Leben Geführten ertheilt Mars die Weihe, den sacralen Character der *ludi*. Der *septunx* verleiht kein gerades, sondern krummes Recht: $7/12$ ist ein irrationaler Bruch, wie $5/12$ und $11/12$, die insgesammt die *hereditas per unciam* ausschliessen.

Eine Ausnahmestellung hat man dem September auch noch aus andern Gründen anzuweisen. Ihr weltliches Jahr eröffneten die Juden mit dem אֲדָר März: dem Glanz (אֶדֶר) des *ador (edor)* und der *adoratio*, und schlossen dasselbe mit dem אֱלוּל September, ihrem Erntemonat, so dass 7 Monate auf ihr weltliches und 5 auf ihr kirchliches Jahr kamen, was dem siebenarmigen Leuchter des Salomonischen Tempels und den 7×7 Jahren bis zum Jobeljahr um so mehr entspricht, als אָלַל einernten, עֲלַל Getreide bedeuten und sich unmittelbar sowohl an אֵל (Gott) als an אֲוִיל (Bauch: Eulen- d. h. Gerstenspeicher der Athene) anschliessen und das Hallelujah der Salung jubeln. Der Arabische Chasnadar: Finanzminister trug den הֹשֶׁן (Sonnenorden) auf der Brust, wegen des כֶּסֶא (Neujahrs), wo die 1000 Käse oder Beutel (כִּים) gesteuert werden müssen, und zwar auf den „Tisch" (*mensa* der Minerva), daher das Neumondsfest des Tischri auf den 10ten Januar fiel. Der 10te Monat wurde aus einem ähnlichen Grunde טֵבֵת (Teufungszeit im Winter) benannt, und darum spricht Rabba: Es ist die Meinung, dass das Mädchen, welches am Mittwoch heyrathet, in der Brautnacht vom Taphsar beschlafen wird. *Bocotii sine afflatu vocant collis tebas = tabularia.* Auch der Name des 11ten Kirchenmonats: שְׁבָט klingt bedeutungsvoll, denn er weist auf eine Zeit der Ruhe (שֶׁבֶת) und festlichen Erholung hin. Des fünfjährigen Lustrums wegen begann die *Indictio Constantinea* am 1sten, die *Indictio Constantinea et Caesarea* am 23sten September: da nun dieser die vier auf *ber* endenden Monate einleitet, und *ber* gleichbedeutend ist mit *ferre* (tragen), so lässt sich annehmen, dass in dem Zeitraum vom September bis zu den Saturnalien das wichtige Thema: *fero-tuli-latum* abgemacht würde, s. z. ein *fere* oder Ungefähr, das *epi tularu autezi* führt und mit der Abwerfung der Lasten (*latum*) sein Ende erreicht. Die Richtigkeit der Annahme vorausgesetzt, wären die *ber*-Monate zum Einheimsen, Dreschen und Keltern bestimmt gewesen, die in der Sichelhenke (Saturnalien) mit allgemeiner Heiterkeit schlossen. Sachgemäss schloss sich dem September der October mit dem *equus octobris*, den Baierischen Octoberfesten des Mars, an, weshalb die Reiterspiele in Rom, gewiss schon in Verbindung mit Prämiirungen der am Besten gerathenen Produkte des Landbaus und der Viehzucht, unsern Erntefesten entsprochen haben müssen. Die Pythagoräer weihten den October der δικαιοσυνη: Sühne der Δικη, die ohne ritterliche Νικη nicht zu erlangen ist. Der hinkende Vulkan kann nur einen Kurzmonat führen; der gestreckte Mars steht fest und lang auf den 4 Füssen des Octoberpferdes, das in der friedfertigen Kindergestalt eines Wiegengaules die Menschen an das Herdfeuer, die Herden in die warmen Ställe treibt. *Thaïgarcis* benannten davon die Parsen ihren October: Zimmerscheucher, von קא Kammer, גרש jagen. In abgekürzter Form wurde im Isländischen dagr: *lux* daraus gebildet. Das Feueropfer*) selbst fiel in den November: *ber* = *bersin*, November = Neun-, d. h. Neufeuer, die den 12 jährlichen Neumonden vorstehende neue Jahressonne. Vom Deutschen Martinusmännchen hiess es: „St. Martin macht Feuer in's Kamin." Die Franken verlegten den Jahresanfang auf Martini (11. November), wo Mars den ihm geweihten Haberzins eintreibt und für die Bestellung der Felder Sorge trägt, wogegen Diana, der h. Anna gleich, die Heiligung des November's und mit ihm des Naturjahrs (*annus*) übernimmt. Der Altdeutsche und der Scandinavische Kalender setzten Winters Anfang auf den 23ten November: St. Clemens, der an dem Tage mit dem Anker (κλημα Klammer) um den Hals ins Wasser geworfen wurde, gleich den Strohmännlein, welche die Vestalinnen im Mai in den

---

*) J. Oppert, *Déchiffrement des inscriptions cunéiformes* 237.

Tiber warfen. Die Stelle, an welcher S. Clemente in Rom auf der Grenzscheide zwischen dem Forum und Lateran erbaut wurde, sowie die ganze Einrichtung der merkwürdigen Kirche werden dem Jahreswechsel nicht fremd gewesen sein. *Novenarius triplicatus tertiam dimensionem praestat et ita a parte imparis numeri in viginti septem, quae sunt ter terna ter, solidum corpus efficitur:* der Cubus des *cibus* und der Civität. Datiren die Calenden vom ersten März, so die Nonen vom 5ten November, mit dem das älteste Jahr begonnen haben dürfte: das Urjahr der Bauernwirthschaft. *Pulveres novendiales* hiess die am 9ten Tage nach dem Tod beigesetzte Leichenasche, ein heiliges Symbol des durch die Pflugschar gestürzten Ackerbodens, wie denn *sepulcrum* aus χρεμα (Krume) gebildet wurde, in Folge der schönen Idee, dass gleich dem in das bestellte Land gestreuten oder gesteckten (κλημα) Saatkorn die Asche aus der Grabesurne sich zu neuem Leben und neuer Fruchtbarkeit entfalten werde. *Sacra novendialia* wurden bei Unglück verkündenden Zeichen angeordnet: die Novenen der christlichen Kirche, womit man es in Zusammenhang zu bringen hat, dass im November die Aufnahme der *novicii* (Novizen) als *amuli* in die *familia* (Kloster), als *novi cives* in die *civitas* stattfand. Ein Peregrinus, der nach Römischem Recht 10 Jahre lang, nach Deutschem Recht Jahr und Tag unbeschrieen im Schose der Gemeinde geduldet worden war, stand unter dem *ancile* der *ancillae*, oder dem Rechtsschutz der Weiber, konnte darum ohne richterlichen Spruch weder ausgewiesen, noch von seinem früheren Herrn zurückgefordert werden. Man hat damit den *mundus patens*, das Fest des Dis und der Proserpina, in Verbindung zu bringen, jener unterirdischen Banngottheiten, zu denen Pan sich gesellt, da die Italiker *παν* durch *mundus* wiedergeben. Dreimal im Jahre, entsprechend den 3 Hauptsteuern, stand die Welt (Wald) den Gefesteten offen: die *grilliones* (Fusseisen) lösten sich von den *nexi* und *imboiuti*, das erste Mal *postridie Vulcanalia*, nach der Mulciberschüttung, zum zweiten Mal *ante diem tertium Nonas Octobris* (Franz Seraph) und zuletzt *ante diem sextum Idus Novembris* (Engelbert). An den Tagen ruhten alle Kriegs- und Friedensgeschäfte, Pan's peinlicher Hirtenbann war sistirt: die ganze Stadt bekam Urlaub, es musste denn sein, dass durchaus unaufschiebbare Dinge zu bereinigen waren. Da die Thore die ganze Zeit über wagenweit aufgesperrt bleiben, so konnte von Thor- und andern Aus- und Eingangssteuern nicht die Rede sein, was sich die arme Bevölkerung der Stadt gewiss ordentlich zu Nutze machte. Die Seele des *mundus*, der aus veränderlichen und unveränderlichen Bestandtheilen, aus festen und Zuschlagsteuern, zusammengesetzt ist, war der auf *Ara Coeli* thronende Jupiter, Sol als Weltverstand, und da der Mundus sich durch den Mundherrn beliebig öffnen und verschliessen liess, glich er dem Janus, als Mikrokosmus dem Bürger, gleichviel ob er zu den Gänsen (*argentea ansis*) oder Enten zählte. Unter dem zahmen Geflügel haben die Gänse den längsten Hals und das kürzeste Recht: Gänse haben kein Recht, denn so sie mit dem Hals zwischen zwei Planken her können reichen. Die Ente durfte bis unter den „Schratsteken", die Taube auf die Hecke.

Die Führung des December's übernimmt Diana: sie thut es aber nur, um ihn dem Saturn und den Saturnalien zuzuführen, denen der Monat stets geweiht blieb. Im *Xber* brennt das Feuer des *IXber* fort, und zwar für Alle, ohne Unterschied des Standes, womit zugleich das Räthsel gelöst ist, dass die zweite Hälfte des December's der Vesta geheiligt war: es geschah, damit durch ihre jungfräuliche Hand das November- und Decemberfeuer mit den heiligen Altarflammen des Januar's und Februar's in Eins zusammenschlüge. Auf die Weise ergibt sich zuerst eine Drei- und zuletzt Viertheilung des Jahres: jene indem November und

December das Herdfeuer, Januar und Februar das Altarfeuer repräsentiren, die 8 übrigen Monate aber dem positiv bürgerlichen Jahre anheimfallen; diese, die Viertheilung, wegen des Umstandes, dass das Römische Amtsjahr am 20sten Juli, dem Margarethentage, begann, nachdem vom bürgerlichen Jahre 5 Monate verflossen waren und 3 weitere in Aussicht standen. Da nun aber das Feuer bereits im September und October brennt, so ergibt sich ein 5ter Jahresabschnitt: 4 Feuermonate nach 6 Sonnenmonaten, was sich mit den Sonnenwenden in auf- und absteigender Richtung bequem in Einklang bringen lässt. Der christliche Kalender lässt das Amtsjahr am Annentage (26. Juli) beginnen, so dass Anna-Margaretha zusammen das Jahr- und Märkerding bilden, Jupiter aber, der vom 21sten Juli bis zum 19ten August waltet, das oberste Amtsregiment im Jahreslauf führt. Wie sich Juno mit ihm paart, so Ceres mit Neptun, Vulkan mit Minerva, Mars mit Venus, Diana mit Apollo, Vesta mit Mercur, und um die Minerva nicht der Venus beizugesellen, braucht man letzterer blos den Hesperus zu substituiren. In seiner ältesten Gestalt hatte der Römische Kalender, ein echter Bauernkalender, gepaart: *Jupiter-Tellus, Sol-Luna, Ceres-Liber, Robigus-Flora, Minerva-Venus, Lympha-Bonus Eventus.**) Die 12 Monatsgötter klingen in den 12 Deutschen Botentagen, den meist mit Märkten verbundenen Apostelfeiertagen, nach, an welchen, wie an den übrigen Fest- und Feiertagen, Gerichtsferien gehalten wurden. Nach dem alten Kalender fiel der Haupttag der Saturnalien (Fastnacht), an denen *bellum* und *poena* verpönt waren, auf den 16ten December (Lazarus-Tag), und die Art und Weise, wie im christlichen Rom noch zur Zeit des Bonifazius Neujahr gefeiert wurde, war nichts mehr und nichts weniger als eine Fortsetzung dieses Carnevals. Julius Cäsar verlegte das Saturnusfest auf den 15ten December,

---

*) Varro d. a. I, 1.

bei den Katholiken Namenstag der h. Christiana, bei den Protestanten des Ignatius (*ignoscens*). Augustus gebot, in Folge der durch Cäsar vorgenommenen Aenderung, Gerichtsferien vom 15—17 December, so dass man nicht umhin kann, daraus die Beibehaltung der alten Saturnalien auch unter der Herrschaft des neuen Kalenders zu folgern. Sehe ich recht, so nahmen die Saturnalien ihren Anfang *duodecimo kal. Jan.*, wenn sie nach aufgehobenem Festschmaus beim Saturnstempel verkündigt (*clamitata*) waren, wie im christlichen Rom der Carneval vom Thurm des *Palazzo Senatorio* herab eingeläutet wird. *Undecimo Kalendas feriae sunt Laribus consecratae, quibus aedem bello Antiochi Aemilius Regillus praetor in campo Martio curandam rovit.* Wie der Schmaus dem Seniorat zu Ehren veranstaltet wurde, so der Ball für das Juniorat. *Decimo Kalendas feriae sunt Jovis quae appellantur Larentinalia:* „Würfellust und volle Brust" unter Herren und Bedienten. *Ferunt, regnante Anco* — der Anchises der Cäsarianer und ihrer *Venus Victrix* (Fickerin) — *aedituum Herculis per ferias otiantem Deum tesseris provocasse, ipso utriusque manum tuente, adjecta conditione ut victus coena scortoque multaretur. Victore itaque Hercule illum Accam Laurentiam per id tempus nobilissimum scortum intra aedem inclusisse cum coena, eamque postero die distulisse rumorem*) quod post concubitum Dei accepisset munus, nec commodum primae occasionis, cum se domum reciperet, offerendae aspernaretur. Evenisse itaque ut egressa templo mox a Carucio capto ejus pulchritudine compellaretur, cujus voluntatem secuta assumptaque nuptiis, post obitum viri omnium bonorum ejus facta compos, cum decederet populum Romanum nuncupavit heredem, et ideo ab Anco in Velabro, loco celeberrimo Urbis, sepulta.* Eine *lupa* der Subura kommt unter die Rickelhaube, indem ein *Caru-*

---

*) Die leibhafte Bajadere (bajazza = Hetäre) in Goethe's herrlichem Gedicht.

cius: carrossier, curulis, sich in ihre Schönheit verliebt, mit ihr durch den *Flamen Dialis* in Gegenwart von 10 Zeugen (*boves*) aufbieten (*calare*) und trauen (*confarreare*: pfarramtlich copuliren) lässt. Wäre sie keine *sacrocalata* gewesen, so hätte sie keinen *heredem nuncupare*, das Römische Volk nicht zum Erben der zu einem *curio quadratus* erforderlichen 4 Landgüter (*agri*): *Turax, Semurius, Lutirius* und *Solinius*, wie Cato sie angibt, einsetzen können. Im Langobardischen Heerbann zählte man 6 Kategorien: 3 mit Land- und 3 mit Weichbildrecht; wer in der ersten Kategorie der Landwirthe diente, und zwar zu Pferd, musste mindestens 7 Bauernhöfe besitzen, so dass die Langobarden so gewiss Census und Censoren hatten, als die alten Römer. In der Legion können die *Quartarii* nur als Officiere gedient haben, weil die *Triarii* als Gemeine den höchsten Rang in der Linie behaupteten.

Auf den 15ten December fielen die *Opalia*: Carneval der hopsenden Saturnsgattin Ops und ihrer Angoraziegen (*oves* — *opes*), darum *feriae dirae Angeroniae* geheissen, *cui pontifices in sacello Volupiae sacrum faciunt*. Es war der Hurenball des Angers, der *angarii* und *angariae, Vulpii* und *Vulpiae*, Wölfe und Füchsinnen des Lupercals und der Subura, die sich für Geld und Abendbrot „fuchsen", „vögeln", „ficken" liessen: *voluptas* Wolfs- und Fuchslust, die in Reinecke Fuchs so wichtige Folgen hat. Hübscherinnen nannte das Mittelalter die *lupae*: läufige Hündinnen, die mit der Narrenpritsche gefuchtelt werden. Das Bild der Göttin stand *ore obligato et signato in ara*: mit zupetschirtem Munde, damit sie den Herrschaften von dem wüsten Treiben der Knechte und Mägde nichts verrathen konnte. An dem Saturnstag selbst (16) stand die ganze Welt auf dem Kopf: *Licinia virgo jussa ut causam diceret* — eine Lustdirne sass auf dem Prätorstuhle und sprach Recht, bis das Erscheinen der keuschen Vesta dem Unwesen ein Ende machte

Das Feste ist das Beste: der Festtag besser als der Feiertag, Vesta besser als Hephästus, daher die Römer auf dem Vulkanal ihre älteste Tagsatzung hielten, zu einer Zeit, da ihnen die Vesta noch unbekannt war. Bei den Circusspielen machten alle oberen Götter eine Festfahrt, gefolgt von der Vollbürgerschaft, die sich durch langes Fasten auf das Fest vorbereitet und sorgfältig den Kopf rasirt hatte, wie die Türken ihren Mondschein, die christlichen Priester ihre Platte. *Feruntur divino spiritu, non suo arbitrio, sed quod Deus propellit vehentes* — wie man Zugstiere mit dem Leichnam eines Heiligen laufen liess, um da, wo sie stille hielten, ein Gotteshaus zu errichten. Die Alten unterschieden zwischen *dies fasti* und *festi* genau wie wir Neueren zwischen Fast- und Festtagen. *Numa ut in menses annum, ita in dies mensem quoque distribuit, diesque omnes aut festos aut profestos aut intercisos vocarit. Festi Dis dicati sunt, profesti hominibus ad administrandam rem privatam publicamque concessi; intercisi Deorum hominumque communes sunt. Festis insunt sacrificia, epulae, ludi, feriae; profestis fasti, comitiales, comperendini, stati, proeliales. Fasti sunt quibus licet fari tria verba sollemnia: do, dico, addico; his contrarii sunt nefasti. Ad rem militarem nihil attinere notat Varro, utrum fastus vel nefastus dies sit, sed ad solas hoc actiones respicere privatas.*

Für die *dies fasti* (Fasten) ist der Befehl des Prätors und Priesters massgebend: der Prätor erlässt sein Edict, der Bischof sein Fastenmandat. *Do, dico, addico*: ich gebe, ich spreche, ich bewillige, lautet der Spruch der *Δίκη* — Pythagoräische Oberbersprache, die daktylisch und didactorisch verfährt, weshalb es unter der Herrschaft des *jus latinum* nur Fastengerichte gegeben haben kann, niemals *dies festi*. *Sic volo, sic jubeo: velitis, jubeatis*, dagegen gibt es keinerlei Einsprache, nur auf dem Gnadenwege in Folge von Gebeten lassen die Gebote sich mildern. Ist der Faden kurz gerathen, so hilft der längste Gänsehals nichts. Wer erhört sein will, muss bitten: das Gebet ist ein substantivisches Gebet (*date;* ags. gebete: Beete). Vom Fasten befreit ist darum weder der gebietende Prätor, noch der gebietende Priester: der Befehl Karl's des Grossen, dass der Richter nüchtern auf der Richtstatt zu erscheinen habe, war blosse Auffrischung eines alten Gebots, das zugleich dem Priester untersagte, vor dem Messopfer Nahrung zu sich zu nehmen. Wer einen Festtag würdig begehen will, muss zuvor gefastet haben, und ich betrachte es als ausgemacht, dass schon das Römische Patriziat sich durch eine vierzigtägige Fastenzeit auf das Salfest im Frühjahr vorbereitete, da ja ohnedies die Umzüge der 12 Salier mit dem Passahfest der Juden (14. März)*) zusammenfallen. *Subeunt provinciae proceres raso capite, longi temporis castimonia puri*: Kasteiung im Kasten, sowohl was Essen und Trinken als die geschlechtlichen Beziehungen anbelangt, und zwar vom 15ten Jänner an, wenn Juno die Führerschaft des Februars übernimmt. Die christliche Kirche knüpfte somit in ihren Fastenverordnungen lediglich an den heidnischen Kalender an, freilich mit dem wesentlichen Unterschied, dass sich ihr Mandat auf alle Gläubigen erstreckte.

Findet die Qualität der Fastenkost ihren Mittelpunkt in den schon sprachlich gleichlautenden Fischen, so enthält der Standeswerth der Faster und Fischer das demotische Bestimmungszeichen für Fische, nämlich die Arabische 9, so dass der Fastende, wer er auch sein mag, sich in einen Neuner, Neuling, Novizen, Neunaugen, Pückling (*buccellarius*) verwandelt, und so wenig es jemals einem Koch einfiel, die Fische auf den Braten folgen zu lassen, so gewiss folgt

---

*) Der Hebräische Name Nisan klingt Neptunisch = Nathanisch (נסן): Genussmonat nach eingezogenem Salarium, das die Juden in Aegypten sich stahlen.

auf die magere Fastenzeit die wiederum sprachlich motivirte fette Festzeit (*foetus* = *foedus*) mit den reichlich besetzten Tafeln der *epulae*. Insofern müssen die Fasttage als Vorbereitungen auf die darauf folgenden Festzeiten von diesen nothwendig abhängen, „kein Feierabend kann ohne Fest sein": die *dies festi* aber, weil ausschliesslich *Dis dicati*, konnten nur den oberen Stünden bekannt sein, da der Plebs der Festkalender lange Zeit hindurch gänzlich vorenthalten blieb, den Curien allein vom Pontifex bekannt gemacht wurde. Die Patrizier gingen in ihrer Abgeschlossenheit soweit, dass sie es dem *Appius Claudius Caecus* höchlich übelnahmen, dass er als Censor den Kalender öffentlich ausstellte und dadurch der Plebs zugänglich machte. Es müssen hohe Festtage gewesen sein, wie sie namentlich in den Februar fielen, an welchen *cum patribus agere* untersagt war; umgekehrt gab es keine schicklichere Zeit, um fremde Gesandte im Senat zu empfangen, als den Februar, in den nur ein einziger *dies fastus* fiel. Im alten Kalender hatte der Januar gar keinen *dies fastus*, sondern blos einen *intercisus*. An den Festtagen mussten alle *magistratus majores*, darum aber keineswegs zugleich die *minores*, ihre Amtsthätigkeit einstellen, was in der christlichen Kirche für alle Feiertage (*firatag*): *dies solennes, festi, feriati* allgemeines Gebot wurde. Ein *dies fastus* konnte niemals auf einen *dies festus* fallen und umgekehrt, wohl aber auf einen *dies profestus*, wozu die *dies comitiales, comperendini, stati, proeliales* gehörten. Irre ich nicht, so ist aus *profestus probare* gebildet und unter dem *dies profestus* allgemein ein Beweis- und Entscheidtag zu verstehen, was das Wesen der Comitien, des Comperendinatus: Vorladung oder Vertagung auf den drittnächsten Tag, der gerichtlichen Sistirung und des Treffens ausmacht. *Die proeliali fas est res repetere vel hostem lacessere*. Von den *dies fasti* (*F*) gab es 44 ganze und 9 halbe: *endotercisi, intercisi* (*EN*); an ihnen war *lege agere age* gestattet, *cum populore* verboten. Beiderlei *actiones* konnten an den *dies comitiales* (C), deren es ungefähr 190 gab, stattfinden, so dass auf die *legisactio* nahezu 238 Tage kamen. *Comitial* waren alle Tage, an denen mutuistisch gemauschelt werden konnte. Man sollte meinen, dass in der Frühzeit die ständischen Unterschiede nicht ohne Einfluss auf Verbot und Gebot blieben: am *dies festus* war die *actio cum patribus* und *lege*, am *dies fastus cum populo* verboten, dagegen *lege* gestattet: die *dies comitiales* waren vorzugsweise für die *actio cum populo* bestimmt; an den *comperendini* werden die *compares* (*compères*), *sodales*, *collegiati* durch das *vadimonium dicere* ihre kameradschaftliche Gesinnung bekundet, an den *dies stati* ihre Bürgschaft sistirt, nämlich zum Termin sich eingefunden haben. Die *dies proeliales* galten den Proletariern zu Hause und den *hostes* im Felde: *res repetere* war Sache der Fetialen, wobei in allen Fällen *rapere* den *nervus rerum* bildete.

Dies justi nannte man die 30 auf einander folgenden Tage, während deren für den *exercitus imperatus* die rothe Sturmfahne von der Burg wehte: die *justitia* wohnt im Zeichen der *Virgo*, unter dem Schild der Pallas. Um gerecht zu sein, muss der Monat das gehörige Längenmass haben, darf an keiner Vulkanischen Verkürzung leiden. Weder am Latiar, noch an den Saturnalien und *patente mundo*, sondern nur *occlusa Plutonis fauce* (*orco*) sollte gekämpft werden. Man hat nicht darauf geachtet, dass schon die alten Völker ihre März- und Maitage hatten. Am Tage vor Mariä Verkündigung, 24. März, trat, nach vorangegangener Trompetenschau (*tubilustrum*) der *exercitus* unter Waffen und stellte sich auf dem Marsfeld in Schlachtordnung auf; zwei Monate später, 24. Mai, erschienen die *hostes* (Hastaten) zur *hosticapas* (*ags. waepengetaec*) — beide Tage wurden *F quando rex comitiavit*, die Comitate gemustert.

Die *dies intercisi* waren Wieseltage: *spotted days*, Spotttage. *Illorum dierum quibusdam horis fas est, quibusdam fas non est jus dicere. Nam cum hostia caeditur, fari nefas est; inter caesa et porrecta fari licet. Rursus cum adoletur non licet.* Das *nefari* war für die Zeit des Schlachtens und Verbrennens angeordnet, denn es galt für ein *nefandum*, die Heiligkeit dieser Stunden durch *fari* zu entweihen; zwischen dem Schlachten und Darreichen war *fari fas*, so dass die Opferung in 3 Akten verlief, die genau geschieden waren: *endotercisus* aus *endo tertium* gebildet, weil eine dreimalige Oblation stattfand. Aus dem Opferungsmodus ist das *intertiari* hervorgegangen, denn ohne einen Opferverein der Themis und Zaumstatt wäre das vorläufige Drittehandverfahren unmöglich. Im alten Kalender kamen auf den Vesta-Monat 4 F und 2 EN, im neuen auf den Januar 4 F (1. 2. 5. 6) und 1 EN; auf den Juno-Monat 5 F und auf den Februar 1 F (21); auf den Neptuns-Monat 5 F und auf den März 5 F (2. 7. 8. 16. 24); auf den Minerva-Monat 4 F und auf den April 3 F (1. 2. 23) und 1 EN; auf den Venus-Monat 6 F und 1 EN; auf den Mai 6 F (1. 2. 7. 8. 16. 24); auf den Apollo-Monat 4 F; auf den Juni 3 F (2. 14. 15) und 1 EN (29); auf den Mercurs-Monat 1 F, 1 EN und auf den Juli 1 F (16); auf den Jupiters-Monat 4 F, auf den August 4 F (5. 6. 14. 19) und 2 EN (29. 30); auf den Ceres-Monat 4 F, 2 EN und auf den September 5 F (1. 5. 6. 14. 23) und 1 EN (29); auf den Vulkans-Monat 5 F, 2 EN und auf den October 5 F (2. 7. 8. 16); auf den Mars-Monat 5 F, auf den November 4 F (1. 2. 5. 6. 14) und 1 EN (29); auf den Diana-Monat 3 F, 1 EN und auf den December 3 F (5. 6. 14) und 2 EN (29. 30).

Man erkennt auf den ersten Blick, dass die *dies fasti* in der nächsten Beziehung zu den Kalenden und Nonen stehen, und in der zweiten Reihe zu den Iden. Von den Kalenden sind 5 und von den nächstfolgenden Tagen 7 F;

von den Nonen und den darauffolgenden Tagen je 8; auf die Iden fiel weder ein *F* noch ein *EN*, wohl aber war der Folgetag 9 mal *F*, woraus ersichtlich ist, dass die *Idus* das *nec plus ultra* eines Geschäftstages waren. Die *intercisi* werden ausnahmslos auf den 29ten und 30sten Monatstag gefallen sein und den jedesmaligen Monat aus-, sowie den folgenden eingeräuchert haben. Das Gegentheil von *F* war *N*: *necfastus, nefastus*, nicht fest, antivestalisch: *nox* Servitut, welche Servius durch sein Vierclassensystem ins Leben rief, so dass *N* eine Lateinische Viere vorstellt. *Dies noxii* haben die *nexi*, s. z. s. Nachttage, *dies atri, inominales, infausti, funesti*, im Gegensatz zu den roth angestrichenen Festtagen, wie denn heute noch der Neumond schwarz, der Vollmond roth gefärbt wird. In der Regel galt der vierte Tag vor den Kalenden, Nonen und Iden für *ater; atro die nefas est sacra celebrari;* an den Wochen- und Werktagen, welche alle 4 Classen mit einander gemein hatten (*dies communes*), schwieg gleichsam die Religion des *fas* (Vesta). Allen gemein war das *atrium* (*atrum*): *prior pars domus*, der Vorhof zum Tempel, von dem auch die *peregrini* nicht ausgeschlossen wurden. Wer keinen Theil an *aera* und *aerarium* hat, feiert nie einen rothen Ehrentag der Gewere, bleibt dem Fiscus verfallen, daher *ater* = *ador, edor, hedera*, אָדָר, אֲדָר, Hydra. Die Wasserschlange gebar den Ἄδωρ ὁ φρυαρχος, *custos frugum*, Cerberus, Hüter Edens, daher wer im Atrium (Oehrn) verkehrt, mehr nicht als das precäre Recht eines Schling- und Rankengewächses geniesst. *Fessina* Fischreisse (Faschine), *fesellus* Hufe, *fesancia* Frohne, *fexa* Bauerngut, Fexen und Hexen sind fiscaler Natur, die schwärzesten Tage Lichtmess (Februar) und Martini (November), so dass die Parsen dem November den Namen *Athriyâdiya* des *adoreum* wegen beigelegt haben können, weil das Feueropfer (πυρ) als πυρος auf den πυργος (*Saggatu* = ἀιθηρ) geschüttet wurde. Nur bei Abzweigungen des Zendstammes kann es vorkommen, dass alban. *βάτρε*, *βότρε* Feuerstelle: ahd. *eitar*, *aneitr*, ags. *ator* bedeuten und dass die Arianer den Atars (Feuer) als ihren fünften Gott verehrten. Die *purgatio per aërem* geschieht mittels der reinen Aetherluft des Zehntgiebels, dem die Macht innewohnt, einen *pater* (= *πυρ*) und eine *patria* (alban. *βάτρε*) zu schaffen, so dass auf der *ara* der Vesta das *bersin* als *ignis patrius* brennt. Diese Gedankenverbindung ist das Schönste und Erhabenste in der Culturgeschichte der Menschheit, weil ohne die Opferidee kein wahres Gemeinschaftsleben erreichbar wäre. Im Februar, der nichts anders ausdrücken will, als Fieberfeuer, wird der Juno geistlich, an Martini dem Mars weltlich, der Haberzehent des Sachsenherzogs, geopfert. Für die Albanesen war der März der ärgste Quäler: *Ader* (Haderer) nannten die Parsen den März, so dass sie bereits März und Martini als Pferde- oder Drachenmonate gleich geachtet haben müssen, da sie durch *Athriyâdiya*: *patria diva* den November benannten. „Aus dem Thor" führen März und November, das einemal um *ador* (Buchweizen) zu säen, das anderemal um den Erntesegen zu schütten. Im Aramäischen hat אֲחַר (def. אֲחָרָא = *'Αιθρα*) den Sinn einer Orts- und Zeitbestimmung, verhält sich demnach zum *adoreum* wie *mensis* und *mensa*: *ἀθηρ* Aehrenachel. Die 3 Hauptsteuern (*tributa*) oder Vestazehnten hiessen im Mittelalter *festa*, gleichsam Besthäupter, der Zehntgiebel *festis* (*fastigium*), das Holzungsrecht der Colonen *festagium*.

Omnes Calendae, Nonae, Idus atri dies habendi, ut neque proeliales, neque puri, neque comitiales essent. Selbst das *parentare* war an solchen Tagen untersagt, weil die Namen *Janus* und *Jupiter* dabei ausgesprochen werden mussten, und damit noch nicht zufrieden erklärte man auch die *dies postridiani* insgesammt für *funesti, infausti*. Geschah es in irgend einer Angelegenheit, dass Jemand sich des göttlichen Segens vergewissern wollte, so musste er die *dies ob administrandam rem privatam publicamque concessi* meiden, weil sie aus dem *sanctuarium* in das *atrium*, aus dem *scariphus* in den *mundus patens* führten. Die *res (rem pagere)* duldet keinerlei *religio*. Was ausserhalb des Weichbildes von *Janus-Jupiter* lag, war seiner Natur nach *nefastum*, darum weder *purum* noch *comitiale*, weder curial noch comitial. *Inframitici* nannte das Mittelalter die Comitialen im Gegensatz zu den *forismitici, forastici*, denn letztere waren *impuri* (unbefeuert, herdlos), weil sie in der *foresta* sassen und dem Waldbot gehorchten. Es geschah den Plebejern zu Liebe, dass nach der mörderischen Schlacht an der Allia (365 *U. C.*)*) das Verbot, an den *dies N* und *EN* Comitien abzuhalten, auf die *dies F* ausgedehnt und später durch die *Lex Hortensia* alle *Nundinae* für *dies fasti (non comitiales)* erklärt wurden. Der *dies purus* ist somit der in den Kalender aufgenommene Bauernvierer, von dem der *puer putidus* (ital. *putire*, franz. *puer*) oder *nec heres* ausgeschlossen bleibt. *Πυρ, πυρος, παρα*, ahd. *bûr*, engl. *boar*, niederl. *bir* (*porcus*: Eber), Bär, engl. *bore*, Bohrer, *parca, parco, pareo, pario, parma, paro, parochus, pars, parum, parvus, purgo* sind alle von der Familie des *dies purus* des Brotgobers (*patronus*) und der Gebroteten (*clientes*). Der Pär trägt den Purpur und פְּאֵר: die Perrücke des Lordkanzlers auf dem Wollsack, der Bauer die Pudelmütze.

Expectet puros pinea taeda dies!

Die *taeda jugalis*, durch Pudding, Putenbraten und Porter *minus taediosa* und *tetra* gemacht, soll in ihrer reinen Fichtennatur, harzig und cäritisch (*cereus*), erhalten, die *noviter nupta* im Hause des Gemals so lange *hera* und *domina* (Dame) bleiben, bis die Pforten des Orkus sich entweder

---

*) Seltsam! Gerade die Zahl der Tage des Julianischen Kalenderjahres, und aus Gallien holte Cäsar sich den Cäsarenmantel.

ihr oder ihm aufthun. Bei der harzigen *Dammara Australis* hat man an *domus* und *dominium* zu denken: neben der *Kauri-* und der *Rimu-*Fichte (Rothfichte), der *Kahikatea* (Weissfichte), der *Tarekaha* (Pechtanne), der *Matao* (Schwarztanne) steht die Dammara an der Spitze der Nutzhölzer Australiens, indem allein die Puriri-Eiche (Imak) über sie, gleichsam der *purus* (Pär) über die *domina (peeress)* hinausragt. *Taeda* und *foedus* sind Wechselbegriffe, der *dies purus* das Gegentheil des *dies religiosus*, denn des *filum relictum* wegen galten alle *dies religiosi* für *funesti*. In der ganzen Welt waren die Parlamente später als die Curien, weil das gebrotete Gesinde sich von den Brotgebern (Lords) erst emancipiren, zu Farmern (Bauern) und *freeholders* aufrücken musste, bevor es an das Parlamentiren: Bauernlamentiren gehen konnte. Die Verhandlungen der Parlamente waren Anfangs bloses Feilschen und Markten mit der Regierung und den Herren, eine Fortsetzung der Altrömischen *Furinalia*: Furienfeste, wobei in Betracht kommt, dass im Saturnischen Zeitalter es kein *furtum* gab. *Bellum Saturnalibus sumere nefas habitum, poenas a nocente isdem diebus exigere piaculare est.* Bereits i. J. 1108 wurde es den Bauern der wenige Miglien von Rom entfernten Gemeinde *Santa Ninfa* zur Pflicht gemacht: *facere hostem et parlamentum, cum Curia praeceperit*:*) beim Aufgebot *(hosticapas)* sich einzufinden und Steuern zu bewilligen.

Die *dies N*, deren es ungefähr so viele gab als *F*, sind weder die *dies nefasti parte* oder *nefasti fasti*, noch auch Mommsen's erbauliche *nefasti hilares*, im Gegensatz zu den *nefasti tristes* (!), vielmehr *dies nepuri*: Nippertage der νήπιοι, die mit den *dies fasti* nicht das Geringste zu schaffen, vielmehr an dem Wetzstein (*fides*) des *Attius Naevius* ihre Rechtshilfe hatten. *Macrobius* hält dafür, die Schutzgottheit

---

*) Muratori, Antich. Ital. I, 218.

Roms sei die *Ops consivia* gewesen; er hätte auch sagen können: die von dem Aegyptischen *Khonsu* und dem Römischen *Consul* gewährte Hilfleistung, denn *Consivius* war ein Beiname des *Janus*, und zwar des *Janus bifrons*, über den *Marcus Messala*, der 55 Jahre lang das Amt eines Augurs bekleidete, tiefsinnig bemerkt: *Qui cuncta fingit eademque regit, aquae terraeque vim ac naturam gravem atque pronam in profundum dilabentem, ignis atque animae levem immensum in sublime fugientem copulavit circumdato coelo: quae vis coeli maxima duas vis dispares colligavit.* Das himmlische Band, welches Nasse und Trockene, Feuerleichte und Erdschwere umschlingt, der *orbis* der *urbs quadrata*, Ramnes und Tities, zusammengehalten durch die Luceres, damit sie nicht auseinander stieben, lassen sich ohne Mühe herauslesen und nur das Wörtchen *levem* bietet einige Schwierigkeit dar. Das Adjectiv *levis*, in dem Doppelsinn von glatt und leicht, findet sich im Gothischen Sprachschatz als das substantivische, richtiger neutrale, *levs*, womit Ulfilas ἀφορμή, Abreissung oder προδοσια in der Bedeutung von προδοσις übersetzt, ursprünglich *a-forma* als Entfremdung von Forum und Weichbild. Gemeint ist weiter nichts als *laevum*, im Sinn von Liebe, die *confarreatio* oder das *connubium* des Ochsen mit der Kuh, das *conjugium* der *vis dispares*, nämlich ungleichen Viehs, wovon das Taurische Markenrecht, das mit *viribus paribus* agirt, nichts weiss. In die Ideen der mittelalterlichen Scheidekunst übertragen, war es ein Ehebündniss des Steins der Weisen, des Grossen Elixirs und Grossen Magisteriums oder der rothen Tinctur mit dem Stein zweiter Ordnung, dem kleinen Elixir, dem kleinen Magisterium oder der weissen Tinctur: der purpurnen Curie mit dem weissen Sacerdotium, der *tutela* mit dem *sacrum*.

II.

Die **Kalenden** vollziehen den Ehebund zwischen den tutelaren und sacralen Monatshälften, zwischen Patronat und Sacerdotium: wie sie bis zu den Iden des Titelmonats vorwärtsgreifen, so bis zu den die sacrale zweite Hülfte eröffnenden Iden des vergangenen Monats rückwärts Kalendermässig konnte von den Kalenden aus nur 14 Tage vorwärts (*post*) und 14 Tage rückwärts (*ante*) gezählt werden: zu sagen, wie es nach der Kalenderreform recht wohl anging, *sextodecimo Kalendas*, wurde nicht gestattet. Schon daraus geht hervor, dass *Curia* und *Sacerdotium* bei den *Comitia Calata* gleicher Massen betheiligt waren: das *jus* und das *fas*, das *jubeatis* und das *velitis Quirites!* In Folge des Connubiums der beiden oberen Tribus müssen sie die *confarreatio* als rechtmässige Ehe mit einander gemein gehabt haben, da כָּלָה (galant) gleichbedeutend ist mit *confarreata*, was zu der Annahme zwingt, dass die *calati* oder Geladenen (*rogati, pregadi*) *confarreati* oder rechtmässig verheirathet sein mussten. Trug die *confarreata* die Rickelhaube, so der *confarreatus* den Friesenrock (*calabum, colobium, calhus*: Joppe, Playd, *colta* Kilt, engl. *calaber-skins* Grauwerk): Fregatten hiessen die *pregadi* von den Segeln, nämlich Siegelringen (סָגוּל = η Seckel), denn ein Unbesiegelter wurde so wenig bei Lebzeiten zu den Comitien geladen, als nach dem Tode seine Grabstätte versiegelt ward.

קןל meint die Stimme des Gy, die καλη einen Kuhhals, an welchem die *vacca* (*aqua*), mit dem *bos* (*terra*) durch das übergelegte *jugum* gepaart wurde. Wegen der Uebereinstimmung von *colum* und *solum*, von קול und *sol*, גל Oelkrug (*ullus*) und voll (langob. *ful-freal*) müssen die Calaten gesalt oder Salherren sein, vollbürtig und vollwürdig, welche als geladen bei der Bundeslade ihr Recht holen: Zoller und Keller. In den Centurien waren alle wehrhaften Mannschaften vertreten, der *rerus* (bewerte) *populus in campo*, dessen Aufgebot (*viros vocare*) durch *accensi* geschah, bei den Westgothen durch *compulsores* des Thiufads: zu den *Comitia Calata* hatten allein die Curien Zutritt, nur ihnen verkündigte der Pontifex Minor in der *Curia Calabra*, dem früheren *Vulcanal*, den Kalendermonat, wozu der *Pontifex Maximus* sie durch die *calatores*, nicht mit der *tuba* (Kriegstrompete), sondern der *calamella* (Schalmey) heraufpfeifen liess. Es sind aber allein die *calamites* (Frösche, Frischlinge) und *calandri* (Grillen), die grünen Schreihälse der Curien, denen gepfiffen wird, nicht die Weissen und Weisen der Nobilität, weshalb die Laurentiner der Juno den Beinamen *Calendaris* gaben. *Far calandrino*, die Wiesenlerche spielen, hat im Italienischen den Sinn: Einen in den April schicken, dahin rufen, wo nichts zu hohlen ist. Der sacrale Charakter der *Comitia Calata* erhellt aus ihrem anderen Namen: *Sacra pontificia*, wozu die Kalende oder päpstliche Naturallieferung, *Calendae* Wohlthätigkeitsverein und die Hauptsteuer bei den Westgothen kommen. Ausser zur Verkündigung des Kalenders wurde geboten *ad prodendum interregnum*, zur Inauguration des wirklichen Königs und der *flamines*, zur Vornahme der *detestatio sacrorum* und Errichtung von Testamenten;[*)] wenn auch nicht ganz dieselben, so doch sehr ähnliche Acte wurden auf dem Salfränkischen

---

[*)] L. Lange, Römische Alterthümer II, 342.

leodecal (*ineo*), der Sächsischen *wargida*, dem Langobardischen *angargathungi* und dem Angelsächsischen *scir-gemot* abgemacht; daraus aber, dass bei den Franken *ad ineum ambulare* hiess, was den Angelsachsen *scirgemotan*, erhellt zur Genüge, dass nur *gentes*, die unter der Consulargewalt der Krähe Enyo (*unio*) standen, gerufen wurden, die *calati* aber zwar das καλον, nicht aber das ἀγαθον repräsentirten. Hiefür spricht schon der Aufzug, in welchem die Gerufenen sich einfanden: Lederstiefel (*caligae*) und Stulphandschuhe (*sculponeae*) waren die wesentlichsten Bestandtheile; von langer Dauer können die Kalauer Stulpen (alban. ΄σελπjάκξ-α Handbreite) aber nicht gewesen sein, da Cato*) die Regel aufstellt: *sculponeas bonas alternis annis dare oportet*. Ob bereits die Römischen Kälberer *cultellatae restes* (Schlitzkleid) trugen, mag dahingestellt bleiben; ganz gewiss führten sie *culter, cultella, cultellum* der späteren *cultellarii* und *cultellini*. Im Kriege trugen sie in der Reihe der *principes* (Prinzen) *columbar, colesa*: Helm mit Holzvisir (Brünne), der sich gleich einem *calcar* (Halsband) um das *collum* schloss, wie die *collana* : *torques* (alban. χαλκά-ja), wogegen *gallonum* (Kamm) am Halse des Pferdes (alban. χάμ-ι) hing, die *chalybs* oder viereckige Stahlstange in der Hand des Ritters ruhte. Auf ihre pfalzrechtliche Stellung im Sinn des Romulischen Palatins deutet schon der Umstand, dass die *Curia Calabra* neben dem Hause des Romulus lag, noch mehr *calfaria* (Kürbis: κυρβασια, *apex*) und der davon benannte Calvarienberg, auf dessen Spitze (*apex*) 7, dem Recht der κυρβεις entsprechende, Stationen (*caladia*) führten. **)

Die Kalauer waren darum nach Kelch- oder Becherrecht gestellt: *cala, calatus* Becher, *calatum* Fischreisse,

---

*) *De r. r. c.* 59. **) *Callis semita tenuior, callo pecudum praedurata, unde et callum et callidos dicimus.* (Servius.)

colifarius Pflugstier; so dass sowohl die jüngeren Söhne der Ramnes (4) als die wehrpflichtigen Tities (3) auf der von eingerammten (*calcare = stipare*) Pfählen eingefassten Kürstatt sich einzufinden hatten. Im Phönizischen sowohl als Iberischen stehen ○ und ◊, *coeur* und *carreau* statt des hebr. פ (7×10). Auf einem *carreau* stehen die 9 Kegel. Die Sächsische Sieben oder Sippe der 4 weltlichen und der 3 geistlichen Churfürsten, bestand aus denselben Elementen: aus Adeligen und Leuten. Die Pfähle zur Errichtung der *castra* schleppten blos die *exercitales*: *Consuetudo erat militis Romani ut ipse sibi arma portaret et vallum, vallum autem dicebant calam*. *Cola acuminata* heisst der Africanische Gurnussbaum; dessen kastanienartige Früchte in Central-Africa, wie der Betel in Südasien und der Calmus in Europa, vor jeder Mahlzeit gekaut werden und im Munde eine angenehme Schärfe erzeugen. Ihre Darreichung bekundet eine Friedensversicherung; auch bedient man sich ihrer als Münze (Calmünz). „Chalmünz" definirt der Freibrief von Regensburg (a. 1230): *teloneum imperii quod solebat recipi extra civitatem* (*campus Martius*). *Calvae* kommen im Mittelalter als geröstete Kastanien vor: am Feuer verkohlt waren die *pali* sowohl als die ältesten *quires*, gleichviel ob sie von der *cola* oder der *quercus* stammten. *Ulli*, Oelmägen, Oelgötzen bilden das Gerüchte (Gericht): durch κολάν-ι drückt der Albanese die *alba parata* der Römer, das weissgestreifte Sattelzeug (*redo*) aus und *partita restis* bedeutet ein buntes (aufgeschlitztes) Kleid. Homer lässt den παρηορος als Handpferd für den Nothfall neben die beiden Wagenpferde schirren, so dass er die Flügelstellung der Thürme (Rochen) zu Seiten der Legion einnahm. Der *cilo* (Kohlkopf) des *Cilnius Maecenas* nimmt unter den *cillibi* an Arthur's Tafelrunde, wo es weder ein Oben noch ein Unten gibt, so wenig als bei den Blumenblättern der *calendula pluvialis* (Ringelblume), Platz: „zu Calw trinkt der Kranke die letzte Oelung

und der Pfaff sie ihm gesegnet; der Tiufel tröst den Sufft"
Am Altarabischen *Kala* rühmt *Edrisi* die gesunde Luft und
den ewigen Frühling; *Cale: civitas Campaniae, Calusa* (Tschöls
und Schleiss in Rätien), in Deutschland Kalau, Kahlenberg
(bei Wien), *Coloburg, Columbaria, Colanesberg, Colobocisheim* (Elsass) waren Freigerichte, im Unterschied von dem
Haraho oder Herrending, wie im Römischen Septizonium
des Pfalzbergs alle *septem colles*, als *columbaria* oder *tebae*,
sich Recht holen konnten. Von Theben zog Oedipus nach
Colonos Hippios:*) *lucus et ara Dianae*, deren Burg *Calathion*
in Gerenia (Gröningen) lag,**) wofern nicht Zeus Aphesios
dieselbe in Anspruch nahm. Culm (*luogo di monte*), σκυλον,
κοιλον, *coelum, ancile* bedingen das Schellenrecht: *testatio*
und *testamentifactio*, und wenn die Marquesaner durch *comaï*
das Zeugungsglied, durch *camaü* kalt ausdrücken, so entsteht aus beiden der „kalte Bauer" oder männliche Same,
welcher aus den der *cuma* (Patate) ähnlichen Testikeln
entspringt.

> *Est ingens gelidum lucus prope Caeretis amnem,*
> *Relligione patrum late sacer, undique colles*
> *Inclusere cavi et nigra nemus abiete cingit.*

Caere entspricht unsrer Zähre und Zehrung: *columbum* Taubenmist; schwarz, weil mit Pech gekalfatert, ist alles Calatenthum und *gallina* (*pullus*) bedeutet im Mittelalter bald Christus,
bald Hühnerzins. In den deutschen Freistädten, wo Cölnisches Recht gesprochen wurde, kehrt die Siebene regelmässig wieder, wie bei den Bussgeldern 3 und 6. Auf jede
collis kommt ein Wochentag, wahrscheinlich als ihr Gerichtstag, und weil die *quadrijugi* die 4 friedlichen Wochentage für sich in Anspruch nahmen, so dass den Schreiern
oder *trigemini* nur die 3 kriegerischen übrig blieben, so
musste es im Kelche gähren. Es ging die Sage, die Apostel

---
*) Pausanias I, 30.
**) Pausanias III, 26.

hätten einen Abendmalskelch aus Silber gehabt: dieser sowohl als sein Zubehör, wie *fistula, calamus, tubulus, arundo, pipa, colum (colatorium)*, schlossen die Kelcher vom *corpus* aus, ihnen blos die Theilnahme an Taufe, Chrisma und Eucharistie überlassend, wofür im 8ten Jahrhundert jeder Priester 3 besondere Becher haben musste. Die erst später aufgekommene Formel: *Hic est calix sanguinis mei Novi et Veteris testamenti, mysterium fidei*, schliesst die Junioratsstellung des Kelchs zur Patene nicht aus: schon die Alten legten ihm blos den Werth einer Untertasse bei und weihten ihn den *Dii inferi*. Nächst verwandt mit dem Ferment ist *calpar*, junger und gährender Wein, der sich noch zu keinem Ehrenwein abgeklärt hat, denn zu den Honoratioren (*jus honorum*) zählen die Calaten als solche nicht.

Man hat an Saturn's Ring und Stein (*abadir* Stein, *abandum* Schafweide) zu denken bei den 7 Nischen des Pantheons, den 7 kreisenden Wandelsternen, den 7 Ringmauern von Ekbatana, den 7 Abstufungen des Belthurms in Babylon, den 7 Thoren des Böotischen Theben: *Killh* hiess im Mittelalter die Kelter-, Kelten- oder Bauernfreiheit, gleichbedeutend mit Schottisch und Baierisch, zugleich landrechtlich, wovon der Dreifuss *landrevius* (Ländler) hiess. *Clamor, calumnia, clamacium, clameum, clamacerius, clama,* alle verwandt mit Klammer und Anklamm ern, ja selbst *clam* und *clammisium*: heimliche Ehe, weil das Mizium *clam* gegeben wird, gehören auf die *collis*, nebst *gladius* und *scutum rotundum*. Geld oder Feld, das alte Bergrecht hält. Stummes (*clam*) Geld macht schlecht. *Quiritari* hiess bei den Griechen κολραν, im Gegensatz zum *vocare* oder *laudare* der *lutei*, welche das Laudemium zu bezahlen haben. An *lapis* und *columna* etrur. (*evlat*) gebunden bekamen die *in jus vocati* den Namen *lapidarii*. Nichtsdestoweniger vereinigen sich im Verlauf der Zeit *quiritatio* und *vocatio*, wenn auch nicht ganz, so doch in allen wesentlichen Punkten, ungefähr wie die *equites posteriores*, anfänglich Bediente der *equites priores*, ihren früheren Herren immer näher rückten, obwohl das erste Drittel der Rittercenturien bis in die spätesten Zeiten dem Patriziat verblieb. Ganz ähnlich war das Verhältniss zwischen *calati* und *celeres* oder Cöliern. *Calas dicebant majores nostri fustes, quos portabant servi sequentes dominos ad proelium, unde etiam calones dicebantur.* Als *calo*, in der Eigenschaft eines *servus*, diente eine Zeit lang Hercules mit seiner Keule: Aegypter und Perser bedienten sich zu ähnlichen Zwecken der *καλασιριες* und *ἑρμοτυβιες* (Eckensteher) in langen leinenen Kitteln. Bei den Griechen hiessen sie *κιλευσται: pausarii* (Pausenmacher), weil sie zum Rudern den Takt schlugen — die niedrigste Sorte Kapellmeister. Als Packknechte hatten die *calones* und *bastagarii* (*bestias agentes*) die *sarcinae, adparitio imbellis impedimentorumque genus omne* zu besorgen. Türk. *καλαὅς-ζι* Kundschafter, *calo, celer, pagotus* (chines. Pagode) sind dieselben Personen mit *gladiator, lictor, lanista,* wovon *laniscae* und *pagani* Fascen (Packbündel), *lansissa* Zehntspeicher bedeuten. *Käla* ist die Kaste der dunkeln (*color: calor*) Ureinwohner Indiens (*coolies*), die von den eingewanderten Siegern dazu gebraucht wurden die *incilia*: Einschnitte, Landwehrgräben, Raine zu bewachen, hinter denen *Käli, Siwa's* achtbarste Gemalin, haust. *Culpa* meint die leichte Verschuldung mit dem Kolben, welche der Keiler begeht, wenn er im Gedränge einen Unschuldigen trifft, wohl gar todt schlägt, da ihm als Büttel die Verpflichtung obliegt, Verbrecher, namentlich Ausreisser, mit seiner Keule todt zu schlagen. Eines *dolus* oder Delischer Gesetzwidrigkeit macht sich schuldig, wer heimlich aus dem *dolium* zapft und zu dem Zweck hinter dem Rücken des Kellners in den Keller schleicht. Darum lebten die *clibarii* nach *club-law* und Kluchtenrecht, mit *clava* und Löwenhaut ausgestattet, wie sie sind. Klipperschiffe haben vor Klippen zu warnen oder zwischen ihnen durchzuschlüpfen: einen ähnlichen Dienst verrichten die *clares* auf dem Trommelfell. An St. Peter's Schlüssel hängen Glauben und Geloben Solcher, die nur in Alcyonennestern angeklebt sind und Treue gelobt haben, wie die Klephten des Parthenons der Athene. Die Strafwerkzeuge der Keiler bildeten *cullcus* und *cullus*: *tormentum ex corio*, die *calcaria aurea* des Mittelalters, eine Züchtigung der Gieselhörigen mit der Geissel. Der „Gölz" wird einem Brautpaar auf das Dach gesetzt, wenn beide oder Eines von ihnen vor der Heyrath sich fleischlich vergingen: die Juden sagen dafür „der hot aach schon challe genommen", das Fett von der Kalle (Schnalle) zum voraus abgeschöpft. Galle, Biebergeil, Gold-Gelb sind Zeichen der Käuflichkeit: Gold macht hold, bedarf der Kleien, dient zu Kronen und Pillen. *Aurati porticus* und *aurea templa* hiessen die Zehntgiebel: der *abbotus* (Dienstmann) bewacht engl. *abode* (Abort), *aalagia* (Gemeindetrift), *abandum* Schafweide, als nicht gebannt, wovon ital. *abandonare*. Des Kellners Dienstlohn besteht in *absus* Wüstland, *abasa* Cotte oder *abatua* Scheidemünze. Unter *abbatum* verstand man eine von den Nachbarn dem Gläubiger angewiesene Liegenschaft (*abegantia*) des Schuldners um jenem ein Vorrecht zu verschaffen: lauter Ausdrücke die in die Lehre vom Avitischen Besitz gehören. Für besondere Auszeichnung erhält der Keiler *calbei*: Armspangen (*chevrons*) an der *calasis* (*tunica*), und zwar wegen treuer Bewachung der Salgründe, weshalb König Numa einen Sohn *Calpus* erzeugte. Die Venetianische Signorie vertheilte an ihre Keiler den *Columba*-Orden oder goldenen Sporn, der aus dem Grund bei der auswärtigen Ritterschaft, die auf Silber hielt, in gründlicher Verachtung stand, ungefähr wie der *scurro* bei dem Officierscorps. Der *calator, calefactor, galvanus* (Steuereintreiber) reicht dem *galator* oder *gallofero* (Spitzbuben) die Hand; seine Fussbekleidung bildet das *galopedium* (Holzschuh), seine Kopfbedeckung die *galumna*. Alban. χὲλ Bratspiess, χελμόιγ ich vergifte, χελjμιμ-ι Kummer, χιλε-jα Betrug im Spiel (in die Karten schielen), χιλμ-ι Laune, χυλόιγ ich leere aus, stammen insgesammt von solchen Schelmen. In der Flandrischen Grafschaft *Guines* hiessen die *tributarii* oder *homines capitales* „*kolvenkerle*", ihr *census capitalis* „*kolvenkerlia*" i. e. *proprium servitutis genus*: alban. χαλx-υ Pöbel, Kalkbrenner (χὰλjε-jα Abtritt), Demotiker, Plebejer, ὑες, *concepti, oblati*. Unter dem Titel *deme* (δημὸς) bezog die Lymburger Kirche eine Gebühr von der in ihren Waldungen gestatteten Eichelmast*), und es unterliegt keinem Zweifel, dass die Emphyteuse oder das Colonat damit begann, worauf die Brauchbarsten unter den Schweinehirten als Keulenherkulese der Bürgergemeinde Dienste leisteten und dafür mit Grenzerlosen abgefunden wurden. So war die Möglichkeit geboten, nachdem das *servitium suillum* in das *servitium caninum* übergegangen war, die mit Kohltheilen ausgestatteten Knechte in die *libertas juris latini* oder das Landrecht aufzunehmen, und weiterhin in den Genuss der *coloniae juris romani* zu setzen. Wie Cerberus an die Proserpina, so schmiegt der deutsche Garmor oder Salhund sich an Hel, die Schlüsseljungfrau bei der Wunderesche Yggdrasil, an deren Wurzeln heilige Brunnen rauschen. Die Salzsteuer hiess vor Zeiten Ungeld. Was war überhaupt natürlicher, als die Gewässer den Wasern anzuvertrauen und sie aus *rasi* zu *rarones* aufrücken zu lassen! Der Waser ist ein Wessen: Genitiv eines Nominativ, der Jener ein Jänner oder heiliger Januarius, der Dieser ein weltlicher *thius*. Auf dem Hundrück wurden der *Heka* oder *Hekla* Hunde geopfert. Viele scheinbare Widersprüche finden damit ihre ebenso einfache als natürliche Lösung. In Bergen auf Rügen legte der ritterschaftliche

---

*) Grimm V, 595.

Verein sich den Namen „*Caland*" bei, während der Schützenverein der Bürger und Bauern „Schütting" hiess. In der Thiermythologie erscheint der *Kalander*, nach dem Vorgang des Alten Testaments, als unreiner Vogel; umgekehrt macht der mittelalterliche Physiologus daraus einen schneeweissen und ausserordentlich klugen Vogel, der schon durch seinen Blick über Leben und Tod eines Menschen entscheidet. Sieht er den Kranken an und legt den Schnabel auf seinen Mund, so geneset er, denn der Vogel nimmt die Krankheit auf sich, gleich dem Sühnewidder der Juden, fliegt damit hoch in die Luft und verbrennt sie an den reinigenden Sonnenstrahlen.

Ein Stück Römischer Rechtsgeschichte und Römischen Kalenders blieb in Baiern zurück, wo das Volksrecht*) in einem Nachtrag das Verbot enthielt der *incantationes et fastidiationes sive diversae observationes dierum Kalendarum*. Den nächsten Anlass dazu wird man wohl in dem Canon einer Regensburger Synode**) zu suchen haben: *Ut ebrietatis malum omnino devitare student, ubi etiam lites, rixe et discordie jurgiaque, insuper etiam et homicidia perpetrantur*. Es waren die Tage wo die „urteile" auf der Schranne abgegeben wurden: *judicium publicum, clamor pauperum, i. e. schrai, schranne per dies Kalendarum****). Auf der Schranne konnten die armen Leute, die von der herzoglichen Pfalz abschlägig beschieden worden, ihr Recht holen, überhaupt Jeder Berufung einlegen, der durch herzogliche Beamte Unrecht erlitten zu haben glaubte. Der erste Monatstag blieb Gerichtstag nach wie vor: nur sollte nicht das Volk auf der Schranne, sondern der bestellte Richter in der Pfalz Recht sprechen. *Ut placita fiant per Kalendas aut*

---

*) L. Baiuwar. Add. II, 9.
**) L. B. Add. III, 13.
***) Add. III.

post 15 *dies**) (= *Idus*): die *quinze jours* der Franzosen, wie denn bei den Baiern das Meiste nach der Drei- und Fünfzahl ging. Immerhin, dass das in der *domus ducis* übliche Gerichtsverfahren mit dem Lübischen**) besonders viel Aehnlichkeit haben mochte: im Allgemeinen war es das allen Plechhaften und Mittelfreien zukommende Laubenrecht, weshalb der Plechhafte das Sentgericht des Domprobstes zu suchen hatte. Bei den bischöflichen Generalsenten erschienen nur *nobiles*: in der Regel fanden solche Herrengerichte jährlich dreimal statt. Der Archidiacon hatte seine Sente alle 8 Tage für die Plechhaften abzuhalten, der Dechant die Dekanatsente gewöhnlich nur alle 3 Jahre für die Landsassen. Da die Sent grundwesentlich ein aus geistlichen und weltlichen Elementen gemischtes Gericht vorstellt, das in der Kirche abgehalten wurde, wo auf dem Gerichtstisch Ruthe, Schere und Evangelium zu Haut, Haar und Eyd lagen, so musste dem Bischof der Burggraf, dem Archidiacon der Schultheiss, dem Landdechanten der Gaugraf zur Seite stehen. *Domus publica*, d. h. allen Plechhaften zugänglich, wie der unter dem Archidiaconus stehende Dom, war auch der Palast des Baiernherzogs: gleich Kirchenfabriken (*ministerium ecclesiae*) und Mühlen zählte er unter die *offen hawser*, und jede Veruntreuung wurde als Bruch der Trustis (Felonie) mit dem *triniungelt, triuniungelt, drigült*, also auf Trierisch, gebüsst. *Mez ist multeo drizzuo*, sagt eine Glosse und das Gesetzbuch***) definirt das *drigült*: *h. e. ter nove conponat liber homo; servus niungeldo solvat aut manus perdat* Da der Richter von allen Brüchten die *novena*****) zu fordern hatte, ausserdem die Beamten durch Zulassung Nichteinheimischer den *vicini* des

---
*) L. B. II, 14.
**) Zeitschrift für Deutsches Recht XX, 95.
***) L. B. II, 12.
****) l. l. c. 15.

Gerichtsbannes grossen Schaden zufügen konnten, so wurde durch die *Constitutiones Ranshofenses* (*c.* 4) verordnet: *Si comes forbannitum in sua tuitione habuerit et ad placitum ducere neglexerit, vel in placito injuste defenderit, et si coram duce negare non poterit; neque gratiam ejus, neque comitatum habeat. Si centurio vel advocatus id ipsum egerint, beneficio priventur. Si praepositus alicujus domini id fecerit, depilatus excorticetur.*

Ihr „*schrai*" (*boandi ferocia*), dessen sich die Spartaner bei der Volksabstimmung bedienten, liessen sich die Baiern durch das Verbot des Volkskalenders und der Neumonde nicht nehmen: dasselbe hat sich sogar im Haberfeldtreiben bis heute fortgeerbt. Nur schrien sie nicht mehr innerhalb der Schranne, sondern vor der *domus ducis* am Schrannenplatz, vor der sie ein *Charivari* brachten, d. h. in Scharen fuhren zur Aufrechthaltung ihres Scharen- oder Scharwächterrechts. Man nannte es *carmulam: seditionem contra ducem levare*, Auflauf mit Geschrei, dessen noch im 9ten und 10ten Jahrhundert Erwähnung geschieht. Die Verwandtschaft der *carmula* (Gassenhauer) mit *carmen*, insbesondere mit dem *occentare, incantare carmen quod infamiam faceret flagitiumve alteri* in den XII Tafeln, steht ebenso fest, als der von mir aufgestellte Satz*), dass das *fustium supplicium*, das nach *Porphyrio* den *auctor carminum infamium*, ehrenrühriger Schelmen- und Spottlieder, traf, von einer Tracht Prügel verstanden werden muss. Es werden dieselben 50 *percussiones* gewesen sein, die dem Baierischen Landwehrmann aufgezählt wurden, wenn er beim Fouragiren Skandal machte. Die Griechen drückten durch $\chi\alpha\varrho\mu\alpha$, $\chi\alpha\varrho\mu\eta$ Jubel- und Schlachtgeschrei aus — die *kramola* der Slaven, *gairm, garm* bei Galen und Britten, ags. *cirm*, un darum der Ruf aller derer, die *quiris* und Ger führen:

---

*) Erbacker I, 200.

Griechen, Quiriten, Germanen. *Gair, ger, gar* (Nachbar) wird der Quirite nach der Schaftlege: hat er die *gara* angezogen, so setzt er den Schrei (holländ. *Kermen*) und das Gejuchze auf der Kirmess fort, wo der *clamor pauperum* zum Worte kommt. An Fastnachtsscherze hat man wegen *carmantran*: Fastnacht, zu denken. Eine neue Auflage der *carmulae* waren die Laberer, Nachtgesänge oder Mondlieder, welche dem Aventinus zufolge König Laber vor den Häusern Bescholtener absingen liess, und die noch zu Moscherosch's Zeiten in Baiern gesungen wurden. Sie können für ein Erzeugniss aller *laboriae (terra di lavoro)* gelten. Gesungen wird der Laberer vom Laubober: Bua im Kartenspiel. *Carmulae*, Laberer, Haberfeldtreiben stehen auf gleicher Stufe mit dem Austrommeln: wurde doch erst ganz neuerdings in England die Unsitte abgeschafft, einen als Verbrecher verurtheilten Soldaten aus dem Regiment hinauszupeitschen und hinauszutrommeln. Mit dem Auspeitschen der Gieselhörigen ($\mu\alpha\sigma\tau\iota\gamma\iota\alpha\varsigma$) waren im Ostreich die $\mu\alpha\sigma\tau\iota\gamma\circ\varphi\circ\rho\circ\iota$ ($= \mu\alpha\sigma\tau\eta\rho$) betraut, gleichsam Aufseher der Schweinemast. Wie sehr sich Dieser und Jener dagegen sträuben mag, die Lateinische Kirche beruhte Anfangs ganz und gar auf dem Kürrecht der *Comitia Calata* und that es darin der Metropolitankirche von Alexandrien gleich, welcher der Arianismus s. z. im Blute lag. Das hochmüthige Gebaren der Römischen Diacone steht durch das Zeugniss des Augustinus fest, und der stark angefochtene Brief des Hieronymus an den Evagrius berichtet nicht bloss der Wahrheit gemäss, dass in Alexandrien, dieser durch den Evangelisten Marcus angeblich gegründeten Märkerkirche, die Presbyter einen aus ihrer Mitte zum Bischof wählten, wie das Kriegsheer den Kaiser, das Collegium der Diacone einen Archidiacon küre: — unanfechtbar ist auch das *licet viderim diaconum presbyteris in convivio benedixisse,* wie die fernere Versicherung, der

Presbyter sei *lucris* (Emolumenten) *minor,* dagegen *sacerdotio major* als der Diacon. In den 7 Cardinaldiaconen, als Schmauswarten und Wittwenpflegern, lebten die alten *septemviri epulones* wieder auf, die, was die Pyramide des Cestius bezeugt und bei den Seckelmeistern der Londoner Gilden Nachahmung fand, ihren Judasseckel wohl zu spicken, verstanden. Als Wirthe (Kellner) bei den zu Ehren der Götter veranstalteten Mahlzeiten wussten sie ihren Schnitt zu machen, und wenn nicht Alles täuscht, so ging das Amt der *triumviri epulones* auf die Diacone der *parochiae rusticae* über, deren Zahl ein unter Papst Sylvester gehaltenes Concil (c. 6) für die Landpfarrer auf 2 festsetzte. Der wichtigste Theil des Diaconenamts bestand darin, dass sie die freiwilligen Gaben der Gläubigen in Empfang nahmen, wie denn jetzt noch der Messpriester von dem ministrirenden Diacon Brot und Wein sich reichen lässt. Wie den Aegyptischen Thoth hat man die Diacone mit dem *calamus* (Schreibrohr) auszustatten.

Gar viele schätzbare Winke über das Wesen des *calare* ertheilt die Albanesiche Sprache: *κἄλ* anstiften, *κάλα-τε* Verleumdungen, *καλαβαλέ́κ-ʊ* Aufruhr (*calcaneum*), *καλjαπίτ́ο̈* Huckepack (Meincyd), *κἄλd̄π* Maiskolben, *καλjέμ-ι calamus, κάλλες-ζι* Halm, Aehre, *καλαμέ-jα* Stoppel (*culhita —* Ernte, *cueillir*), *κἄλjά-jα* Burg (*colax*), *κʊλμ-ι culmus, κθ̄λε-α* Thurm, *κἄλjά̈μά-jα* Kind bis zu 9 Jahren (Kälblein), *κά̈λφε-α* Lehrling, *καλοjέρ-ι* Mönch, *κά̈λjσεμ* stinken, *κελjκά̈νζε-α* Schweinskraut, alb. *κἄλjά-jα* und geg. *κᾶλε-α* Burgrecht, *κολjάσ-ι* Hütte, *κόλλε-α* Husten (Koller, Kolik). Der dem ehornen (*χαλκος*) Zeitalter angehörende Gladiator oder Staatsfechter, wozu die Keiler seit den ältesten Zeiten verwendet wurden, muss im Gegensatz zum *calatus confarreatus* ehelos oder Eunuche sein, worauf eine Menge Ausdrücke hinweisen: im Deutschen erhielt er sich als Gliedermann (*κʊλέμ-ι* Arm und Schenkelknochen), der in Reih' und Glied zu stehen, nicht zu befehligen hat.

Die *Comitia Tributa* konnten von den 5 Volkstribunen, einem Seitenstück der *pontifices*, zu jeder beliebigen Zeit einberufen werden, und ebensowenig waren Aedilen und Quästoren bei ihren Amtsverrichtungen an den Kalender gebunden, weil für die Plebs gar kein Staats-Kalender existirte, *rex, pontifex* und *flamen* ausschliesslich salrechtlich eingesetzt waren. Die *Comitia Calata* ihrer Seits müssen für das Juniorat angeordnet gewesen sein, denn im andern Fall könnte unmöglich an allen Kalenden vom März bis zum December zu der Juno gebetet, derselben in ihrer Regia ein Frischling, entweder *porca* oder *agna*, geschlachtet worden sein, deren weibliche Natur es bestätigt, dass man es mit *confarreati* zu thun hat. Eben die 10 Junotage des weltlichen Jahrs sind ein evidenter Beweis, dass weder die Sinaitische Gesetzgebung noch das Römische Tafelgesetz die Plebs an den *sacra*, d. h. am Kirchenjahr, Theil nehmen liessen, so lang es nur 10 und keine 12 Gebotstafeln gab. *Idibus redactam pecuniam quaerit Calendis ponere*: nachdem der Monatskalender verkündigt war, konnte Jedermann *unciario foenore exercere* oder sein Geld ausleihen, denn er wusste nunmehr, wann der nächste Monat begann und er den, zuerst regelmässig 1% betragenden, Monatszins einzuziehen hatte. Da die Kalenderausrufung im Januar und Februar unterblieb, so wurden für diese beiden Monate ursprünglich auch keine Zinsen bezahlt. Von dem späteren *curator Calendarii* und *actor Arcae communis* (das *aerarium* auf der *arx*) weiss man, dass er die städtischen Gelder auszuleihen und die *menstruae usurae*, die *duodecim asses* des Plinius, an jedem ersten Monatstag einzutreiben hatte; die Ernennung des Kalendercurators lag dem Provinzialpräsidenten ob und *ex ratione Calendarii* meint durchgehends die Zinsenberechnung. Der *ultimus* vereinigt in sich die Begriffe *ullus, tomus, temetum, tempus, Themis*.

Wie stand es um die *Nonae*, über die Macrobius nur

wenig Bescheid weiss? *Post novam lunam oportebat Nonarum die populares, qui in agris essent, confluere in urbem, accepturos causas feriarum a rege sacrorum, scripturosque quid esset eo mense faciendum. Apud Tuscos Nonae plures habebantur, quod hi nono quoque die regem suum salutabant et de propriis negotiis consulebant.* Für die zum *populus* gehörenden Landleute that an den Nonen der *Rex sacrificulus* dasselbe, was der *Pontifex minor* für die Calauer an den Calenden: es war der Bauernkalender, der zur Verkündigung kam, wobei die biederen Landleute erfuhren, theils welche Feld- und Wirthschaftsgeschäfte sie zu besorgen, theils welchen Gottheiten Opfer zu bringen hätten. Im März, Mai, Juli und October, lauter Langmonaten, fielen die Nonen auf den 7ten, nicht auf den 5ten, weil diese schon vor Cäsar auch für das Landvolk Schildmonate und darum so eingerichtet waren, dass die Bauern zu der *tutela* sowohl als den *sacra* der betreffenden Götter zugelassen wurden. Von den Oberen Göttern waren Neptun, Venus, Mercur, Vulcan ihnen *tutelares*, Minerva, Apollo, Jupiter, Mars *sacri*, weder das Eine noch das Andere Vesta, Juno, Ceres, Diana deshalb, weil die Neuner keine *confarreati*, ihr Mondzeichen nicht der rothe Vollmond, sondern der schwarze Neumond waren. Im Kartenspiel gebührten ihnen *pique* und *trèfle*, der Nobilität *carreau* (Eckstein), der Ritterschaft *coeur* (Herzrund: εὔκυκλος). Jene 4 Titel- und 4 Heiligengottheiten hielten ihren Schild über alle Echten: Pflechhafte oder mit dem Pflug Beleckende und Haftende, daher den Achäern nicht blos die Verehrung der Vesta, sondern auch der Juno, Ceres und Diana fremd gewesen sein muss, was man schon an der Stellung der Briseis und Chryseis ersieht, letztere von Achilles erbeutet, ihm aber, als Dienstmann Agamemnon's, von diesem mit demselben Recht abgefordert, wonach der Frankenkönig einem Schweizercapitän, Namens Bucellinus, der den königlichen Teller leckte, seine in Italien gemachte Beute abverlangen konnte. Briseis stand zu Agamemnon in einem sacralen Verhältniss. Von *fari* konnte bei Neunern nicht die Rede sein, sondern allein von *accipere (traditio)*; die *causae* aber, welche der *Rex sacrificulus* ihnen tradirte, sind benannt nach *cosa* in der Bedeutung von Sense oder Kosakenlanze. *Causa agitur et dicitur*, wie es später der *scurro* (= *tribunus*), König (*rex sacrificulus*: Froschkönig der Grünen) der 8 *agrarii* that, in welchem Sinn der gesammte Sachsenadel vor seiner Unterwerfung durch die Franken Anspruch auf den Königszugleich und Priestertitel (*rex sacrificulus*) hatte. Der *sacrificulus* kann nur uneigentlich *tutelaris* genannt werden, ungefähr wie die Volkstribunen, die am Eingang zum Senatssal sassen, sich Senatoren nennen konnten. Aber ebenso natürlich war es, dass die Landleute (Tertiatoren, mit dem Dreierzeichen der Fiskalität), wenn sie an den Nonen in die Stadt kamen, *tribunum suum salutabant*, wie die Tusker ihren Froschkönig, und sich bei ihm in allen wichtigen Angelegenheiten, öffentlichen sowohl als privaten, Raths erholten, für die Procura wohl auch ein Präsent an Butter und Eiern in der Küche abgaben. Man würde sich höchlich täuschen, wenn man glaubte, die Volkstribunen hätten ihr nichts weniger als leichtes Ehrenamt unentgeltlich verwaltet: so knickerig der Bauer im Allgemeinen ist, so splendid weiss er bei der rechten Gelegenheit zu „potsdamern", die Schweinsblase mit den Kronenthalern aufzusperren wie den *mundus patens*. Die Monate, an welchen die Nonen auf den 5ten fielen, blieben Bannmonate bis auf Cäsar, der sich als ausserordentlichen Gönner der Tertiatoren auch dadurch erwies, dass er in seinem Kalender den alten Nonen die grösstmögliche Schonung angedeihen liess. Die *nundinae*, wie sich von selbst versteht, durften auf die Nonen ebensowenig als auf die Calenden fallen; gänzlich von den Nonen getrennt konnten sie aber auch nicht sein, schon des Namens wegen, so dass man sich zu der Annahme genöthigt sieht, dass eines Theils die Calaten nach erfolgter Ausrufung des Monatskalenders, wahrscheinlich von Mittag bis Abend, ihre Kalendergeschäfte bereinigten, anderntheils die Neuner oder Fischer ein Gleiches thaten, nachdem sie vom *Rex sacrificulus causas feriarum acceperant*. Dem Macrobius zufolge sollte man freilich meinen, dass die Bauern keine derartigen *dies intercisi* hatten, der Bemerkung nach zu schliessen, die Liebe des Volkes zu König Servius sei so gross gewesen, dass diejenigen, welche über die Ordnung der Tage zu wachen hatten, *veritos, ne quid nundinis collecta universitas ob regis desiderium novaret, cavisse ut Nonae a Nundinis segregarentur*. Man wird sich die Sache folgender Massen zurecht zu legen haben. Wie die Calaten nach den Calenden zählten, so die Plebejer nach Nonen: III *Non. Octob., pridie Non. Jul.* u. s. w.; da nun *trinum nundinum* den Zeitraum von 3 Wochenmärkten oder 17 Tagen umfasste, so werden an allen *ultimi* Märkte abgehalten worden und die 17 Tage so zu verstehen sein, dass alle 8 Tage Markt war. Statt der 14 Tage und *quinze jours* würden die Römer *septendecim dies* gesagt haben. Eben dahin gehört, im Sinn von taghellen Vierern und nicht nächtigen Dreiern, die in der Gerichtssprache der Deutschen hochwichtige *viertennacht*, in Verbindung mit den Quatembern und der einem Termin von 6 Wochen gleichkommenden Caresima. „*Dwernacht iss* 14 *dage*", heisst es im Rüginischen Rechte: 3 Tage und 2 Dwernächte (30½ Tage) ward auf der Insel der peinlich Angeklagte frei, und erst nach Ablauf dieser Frist durfte zu seiner Verhaftung geschritten werden. *Comitia nundinis haberi non licebat, ne plebs rustica avocaretur. Trebatius in libro primo Religionum ait, nundinis magistratum posse manumittere judiciaque addicere, sed contra Julius Caesar sextodecimo Auspiciorum libro negat nundinis concionem advocari posse i. e. cum po-*

pulo agi. Rutilius scribit Romanos instituisse ut octo quidem diebus in agris rustici opus facerent, nono autem die, intermisso jure, ad mercatum legesque accipiendas Romam venirent: et ut scita atque consulta frequentiore populo referrentur, quae trinundino die proposita a singulis atque universis facile noscebantur, unde etiam mos tractus ut leges trinundino die promulgarentur. Ea re etiam candidatis usus fuit in comitium nundinis venire et in colle consistere, unde coram possent ab universis videri. Begriff *trinum nundinum* einen Zeitraum von 3 Wochenmärkten oder 17 Tagen, so kann es nicht richtig sein, dass jeder 9te Tag ein Markttag war, wohl aber alle 8 Tage, denn in dem Fall fiel der 3te Markttag in der That auf den 17ten, und wofern mich nicht Alles täuscht, so fand der nächstfolgende Markt erst wieder am letzten Monatstag statt. Denn wozu das *trium nun dinum*, und kein *quatuor*, da doch die Vier-Wochenfrist ungleich näher lag? Es steht fest: die Römer theilten den Monat in 3 Wochen und zählten ihr *trium nundinum* von dem Ultimo des vorhergehenden Monats an, so dass die *nundinae* zu den *dies stativi* gehörten und allein der Zeitraum von dem zweiten Markttag an bis zum dritten veränderlich war, je nachdem der Monat selbst mehr oder weniger Tage zählte. Damit rechtfertigt sich zugleich die frühere Behauptung, dass alle Ultimos *dies intercisi* waren, damit die ländliche Bevölkerung Gelegenheit fand, der Opferfeier beizuwohnen. Im städtischen μοιτος oder Brei, der auf dem Forum gekocht ward, brodelten die Bauern nicht, man betrachtete sie blos als Beigabe. Zur genauen Abgrenzung des ältesten Begriffs von *comitium* ist die Angabe förderlich, dass die *nundinae* auf dem Comitium, nicht auf dem Forum stattfanden; der *collis*, wo die Candidaten bei den Bauern ambirten, lag meines Erachtens nicht auf Seite des Capitols, sondern des Cölius.

Nonis Juliis diem festum esse ancillarum tam vulgo

notum est ut nec origo nec causa celebritatis ignota sit. *Junoni
enim caprotinae die illo liberae ancillaeque sacrificant sub
arbore caprifico, in memoriam benignae virtutis quae in ancillarum animis pro conservatione publicae dignitatis apparuit.*
Der *caprificus* ging von ἀὶξ ὕπτιος auf die Aegis der Athene
und die Ancilien über; der *Juno Caprotina* opferte der Spar-
tanische Heerbann der σφαιρεις eine Ziege, wenn er auf
250 Schritte vor dem Feinde stand; die Tutel des Juli führt
Mercur, seine *sacra* weiht Jupiter und seine Nonen fallen
auf die volle Schildzahl: — was liegt also näher, als dass
das in Gemeinschaft der *liberae* (Siebenerinnen oder Wöch-
nerinnen) von den *ancillae* vollzogene Ziegenopfer sie zum
echten Vertragsfaden der Ancilien (*nexum*) berechtigt, zu
echten Müttern macht! Ihr Verdienst um die Wahrung
der Hausehre bildet ein Seitenstück zu der alttestament-
lichen Erzählung von Judith und Holophernes, jedoch mit
dem wesentlichen Unterschied, dass in der Römischen Sage
Alles ganz praktisch verläuft, während die Semiten ihre
Heldin in die grellen Farben glühendsten Hasses kleiden.
Die Römische Erzählung gewinnt aber ein erhöhtes Interesse dadurch, dass sie zeigt, wie die Italiker im Drang der
Umstände nicht anstanden, einen Fremden zum Dictator
zu berufen, wie es zuvor schon bei Camillus der Fall war
und von den mittelalterlichen Communen nachgeahmt wurde,
die sich freiwillig oder gezwungen ihre Podestàs (Wald-
boten) von auswärts verschrieben. *Post urbem captam cum
sedatus esset Gallicus motus, respublica vero esset ad tenue
deducta: finitimi opportunitatem invadendi Romani nominis
aucupati praefecerunt sibi Postumium Livium Fidenatem dicta-
torem, qui mandatis ad senatum missis postulavit ut, si vel-
lent reliquias suae civitatis manere, matres familiae sibi et
virgines dederentur. Cumque patres essent in ancipiti de-
liberatione suspensi, ancilla nomine Tutela seu Philotis polli-
cita est se cum ceteris ancillis sub nomine dominarum ad*

hostes ituram: habituque matrum familias et virginum sumto hostibus cum prosequentium lacrimis ad fidem doloris ingestae sunt. Quae cum a Livio in castris distributae fuissent, viros plurimo vino provocaverunt, diem festum apud se esse simulantes, quibus soporatis ex arbore caprifico, quae castris erat proxima, signum Romanis dederunt. Qui cum repentina incursione superassent, memor beneficii senatus omnes ancillas manu jussit emitti, dotemque iis ex publico fecit, et ornatum quo tunc erant usae gestare concessit, diemque ipsum Nonas Caprotinas nuncupavit ab illa caprifico ex qua signum victoriae ceperunt: sacrificiumque statuit annua sollemnitate celebrandum, cui lac quod ex caprifico manat, propter memoriam facti praecedentis, adhibetur.

Schon der Name *Tutela* (*Tullia*) thut es kund, dass die Tutelargottheiten*) dabei im Spiele waren, die Sache selbst aber war die. Nach der Zerstörung Roms forderten die angrenzenden Völkerschaften, welche unter Camillus die Gallier vertreiben halfen, zum Danke das *commercium* und *connubium* mit den Römern, ein canonisches Verkehrs- und Eherecht, wie es der Name der an der Spitze stehenden Fidenaten erkennen lässt. Die Forderung, alle Frauen und Töchter auszuliefern, klingt zu abenteuerlich, um ernstlich gemeint sein zu können. Es mag sein, dass die Mägde auf die eine oder die andere Weise die ihren Herrschaften drohende Gefahr, nach dem Vorgang der Judith, abzuwenden verstanden: der Kern der Erzählung liegt jedenfalls darin, dass die Mägde, die bisher *servae* (Leibeigene) gewesen waren und unter der *manus* ihrer Herren standen, emancipirt und unter das Recht der Ancilien gestellt wurden. In *ancilla* wurde das Aeolische Digamma abgestossen, so dass ital. *fanciulla* (Kind) damit übereinstimmt, wie auch (mittel.) *fancelastra*, beide gebildet aus *funis*, Fahne,

---

*) Titelherrschaften gleich den Patronen.

Bann (*fania*: Fichtenhain, *fenagium*: Heuhaufe), dem Poseidonszeichen des *fando* (Schiff), wovon *elephantus*. Aus *fancelastra* wurde *figliastra* gebildet: eigentlich Fähnlein, wie man abgetragene Frauenkleider nennt. Die Matronen- und Jungfrauentracht gewährte man den Mägden: das Milchopfer der *ingenuae* aber wurde ihnen blos in der Gestalt untergeordneter Pflanzenmilch gestattet, weshalb die Römer ihr *Sacrum Novendiale* vom Albanergebirg, dem Stammsitz der *sui*, überkamen, und damit die *compitalia*. „Neunen" (Nennen) lautet im Marquesanischen *nonoï*: bitten. Comitial verhalten sich alle Neuner, was die in der 9ten Region gelegenen *mimitia*, die *minutiae* bei *Lampridius* im *Commodus*, beweisen. So fern es davon abliegen mag, so lehrreich ist es, dass die Schäube nach der runden, schwarzweissen Scheibe ins Schwarze schiessen: die 9 Kegel auf der viereckigen Platte werden geschoben. Das *novicuplum*, entsprechend dem *dodrans* ($^3/_4$), d. h. der Schenkung, die 2 C. Theod. II, 21 zufolge, bei den Burgundischen Romanen 9 Unzen nicht überschreiten durfte, war Normalsatz bei Westgothen, Alamannen, Sachsen, Langobarden und Baiern, und zwar als Strafgeld der *servi*. Die Araber haben eine ganz ausserordentliche Vorliebe für Goldstücke im Werth von 9 Piastern. Die Neuner sind *homines novi*: ritterschaftliche Hunde, worüber ein merkwürdiges Gesetz des *Pactus Alamannorum* belehrt. Hatte ein Hund einen Menschen todt gebissen, so hatte der Herr des Hundes das halbe Wergeld des Todten zu bezahlen. Verlangten dessen Anverwandten das ganze Wergeld, so musste Jener, ausser einer einzigen, alle seine Thüren verschliessen und nur durch die eine unverschlossene aus- und eingehen. In einer Entfernung von 9 Fuss wurde der Hund aufgehenkt — den Dieb henkte, den Räuber enthauptete man — und bis er in Fäulniss überging und von selbst abfiel, hatte sein Herr nur den einen Aus- und Eingang. Bediente er sich eines andern, oder riss er den Hund herunter, so musste er das ganze Wergeld entrichten. Hatte die Vehme Einen meineidig befunden und dieser erdreistete sich von Neuem auf der Gerichtsstatt zu erscheinen, so legte man ihm eine Eichenwiede um den Hals und zog ihn damit rückwärts 9 Fuss aus dem Gericht. Mit einem Worte: von Leibeigenen rückten die Mägde zu Gaisen- oder Gieselhörigen (*caprotinae = extraneae, hospites*) auf, die vertragsmässig Dienste übernahmen, in die Categorie der Gebroteten und Dienstboten eintraten und dadurch unter die Waldboten-Gewalt des Hausherrn kamen, ohne darum ihrer Libertät verlustig zu gehen und an der Kündigung ihres Dienstes gehindert zu sein. Der *arbor caprificus* und der *culeus* des Ziegenbocks enthalten einen deutlichen Hinweis auf das *peculium*: (alban.) πεκυλί-α (Obst, Naschwerk), das in demselben Beutel aufbewahrt wurde, in welchen die Magyaren ihren Tabak stecken. Namentlich brauchten die Mägde Keinem zu Willen zu sein, dem es einfiel: *uxorem ducere liberûm non quaerendorum causa*, ohne dass Jemand sie daran hinderte, sich dadurch einen Sparpfennig zu verdienen. Die Römer trieben es in dieser Beziehung gerade wie unlängst noch die Südamerikanischen Sclavenhalter. Gehörten die Dienstboten zuvor zur Sclavenfamilie, so wurden sie nunmehr *nexae* des Herrenhauses, freiwillig und zeitwierig durch das *ancile* am Nacken (αὐχην) festgebunden, *Aucheniae*, d. h. Nacken- und Tragwesen (Höker), deren man vier Arten zählt, nämlich *Llama, Alpaca, Vicuña, Huanaco*. Man darf an den durch die Karyatiden geleisteten „Kragendienst" erinnern, den so oft Widderköpfe versehen, daher es in Albanien etwas Gewöhnliches ist, zwölf Köpfe geopferter Schafe als Fundamente unter die Pfeiler zu legen. Im Mittelalter gebrauchte man die Redensart: „Güter mit Zopf und Zweig, Schuld und Unschuld auftragen", d. h. mit Soll und Haben, indem Zopf und Schuld die durch das

Nexum eingegangenen Verbindlichkeiten, Zweig und Unschuld das unbelastete Eigenthum, den Frieden des Palmzweigs, ausdrücken. Das *demot.* 9, in der Bedeutung von Fischflossen, Zeichen für die arab. Neune, entspricht dem chin. Zopfzeichen, als Neunzahl und zugleich Eigenschaft des wirkenden Princips *jang* (*jungo, jus*), denn das *nexum* kann allein vom *jus* emaniren.

Für das Wesen der *Nonae* ist die Erzählung insofern von Belang, als sie darthut, dass die Nonen für den Stand der *libertini* (*sui — sues*), wozu alle in Rom ansässigen Juden gerechnet wurden, eingerichtet waren: gefleckte Wiesel (Spottwesen: *spotted*), die nicht unter dem vollen, sondern nur dem halben Schildrecht standen. *Suis foetus quinto purus est*, nur ausnahmsweise *septimo*. Gefleckt war auch das ritterschaftliche Staatskleid, die *trabea*, aber purpurgestreift, weshalb die *equites* nur halbwegs zur purpurrothen „*fara*" (*vermicula*: Scharlach) zählten. Der Frei- und Hochzeitsthaler hat blos 9 Groschen. Die unbegrenzte Verehrung der Nonnenleute gegen „Vater Servius" war sehr erklärlich dadurch, dass er zuerst den *servi* zu einem *jus* verhalf und den Plebejerstand ins Leben rief. Die Plebs brachte es weiter nicht als bis zur „Neune der Verneinung" (neun — nein): negirt wurde ihre Servitus, aber die volle Libertät, die dem Ritterstand zukam, blieb ihr dessen ungeachtet versagt, so dass ihre Freiheit eine uneigentliche blieb: es war „Nonnenfreiheit", indem Nonne (*nona*; *nonaria*: *meretrix*) auch im Deutschen ein verschnittenes (*nonatus*) weibliches Schwein bedeutet. Für die Nichtse, Nacken und Nüsse bestanden die Nonen, wahrscheinlich unter Anderem als Ausgehe- und Verdingungstage (*conductio*) des Gesindes, wodurch zugleich den Popularen, die auf dem Lande ansässig waren, Anlass gegeben wurde, sich in ihren Angelegenheiten nach der Stadt zu begeben, zumal wenn sie einen Knecht oder eine Magd brauchten. Nicht länger auf die precäre Wohlthat des Peculiums angewiesen, konnte das Gesinde den bedungenen Lohn fordern, und die Nonä scheinen wirklich für Leute dieses Standes Zahltage gewesen zu sein: *die Noni Popolo Romano Quiritibus Compitalia erant;* was den Nonen ihre grosse Wichtigkeit als *dies intercisi* verlieh. Aristoteles*) hat die προβατα πυρρικα wegen ihrer stattlichen Grösse und Leibesfülle gewiss nur darum gerühmt, weil sie im πυργος (Pferch) heranwuchsen und unter sorgsamer Pflege nicht vor dem neunten Jahre belegt wurden.**) Mit den Sclavinnen machten die Alten, in erster Reihe der grünaugige Cato, wenig Umstände.

Die Handschrift in einem Kloster zu Nantes enthielt zu *nannetum* den erklärenden Beisatz: *a nantee, quod est illa aqua sordida in qua coria macerantur et depilantur* — das Element des Berliner Nante oder Eckenstehers; *nonstus* (*nuncius*) nannte man im Mittelalter den Frohnboten (*praeco*, Engel — Enkel), *nonetas* die Minderjährigkeit, *nonagium* den Antheil an Grund und Boden eines Verstorbenen' den der Pfarrer für sich forderte (Nonnenwerth), *novena* den Zehnten den die Indianer an die Spanier entrichten mussten, *novum* Gelärm, *nuncillus* Söldner, *nundofili* Ketzer (Waldenser, Arme von Lyon), *nundinae* Wiek (*vicus*). Die *nundinae* bestanden zumeist für die *pagani i. e. rustici*, die ihre Bodenerzeugnisse zu Markte brachten, indem der Senat die Getreidepreise zu bestimmen hatte. Von den *rustici* darf angenommen werden, dass seit König Servius auch Solche auf den Märkten Roms zugelassen wurden, die gar nicht zum Römischen Staatsverband gehörten, somit wirkliche *pagani* und *hostes*, *peregrini* und *haeretici*: *novensiles i. q. novem saltatores Jovis*, daher die Bestimmung des Baierischen Volksrechts: *si quis alienum servum ad furtum*

---

*) Hist. Animal. III, 21.
**) l. c. VIII, 7.

suāserit, in novicuplum componat. Die Freiheit der Neuner stand demnach unter der Bürgschaft der Priester, und *novus* muss als gleichbedeutend mit *non-ovis* Jemand bedeuten, der vom Wollenrecht der obern Stände ausgeschlossen ist, somit einen *libertinus* oder Plebejer, dessen „geistliches" Recht — als umgehender Geist (Gast) hat er keine Seele — die Albanesen durch die Fingerzahl: γjίστερα-τε (*digiti*) veranschaulichen. „Dreimal drei Dinge machen einen Jahrmarkt: 3 Frösche, 3 Günse und 3 Weiber." Aber schon „wenn 3 Frauen und 1 Topf zusammenstehen, kann man zu Markte gehen." Die Arabische Nunnation, die sich dem Infinitiv und Accusativ anhängt, will eines Theils eine blose Zuständlichkeit oder Existenz, andern Theils die Negativität des Gezwungen- und Gebundenseins ausdrücken, entspricht somit dem Guna (φιν) im Sanskrit. Im Albanesischen enthält *να*: wir, hier, das Nahe- oder Beisammensein der Nasenleute, *ναϰάρ-ι* Gewalt ist s. v. a. Nacken (*nexum*), νάννε-α Mutter, νένδε nein, νέντερε zusammengedrängt, νονερί-α Gevatterschaft, Nonnerei der Nannas und Nanen (= *homines novi*). Wo immer die „Neune" hinfallen mag: *n s* schwankt zwischen ναυς und νησος (νομη), Schiff und Insel (im Sinn von Weide), *fundus italicus* und Fondsbörse. *Nausá* Weide und *nauta* Hafenmeister, *naxa* Fischteich (Insel Naxos) und *nebulla* Weissbrot, *nabalis* Neubruch und *nabulum* Schiffsladung, *neplidus* Schlüchter und *novium* Müllergraben sind *nefa* (*nefasta*) und fallen den *novensiles* oder neun Tanzmeistern (Tennenherren oder Thane) des Jupiter zu, welche den Handel in *nices* (= *merces, res nitentes*, eigentlich Nüsse) beaufsichtigen. Das *naturale* erschien den Alten stets im Lichte eines *nothum*, oder einer südlichen Bastarderscheinung: *nichilus* (Achat) symbolisirt das *nihil* der Nichtse, „Niderings" (Niedergelassene), *nequitii*, die in *netturae* (Gewebe) handeln: lauter stumme (*niobus*, alban. νεμετσ) Kinder der Niobe und von Apollo's

קָשֶׁת erlegt, weil sie die vier Wände nicht beschrien haben und von keinem Vater aufgehoben wurden. Unter den *assidui* der XII Tafeln sind *pagani* verborgen, mögen sie als *fortes* oder *sanates* die Märkte besuchen, Bauern oder Höker heissen: auf Deutsch nannte man sie Siedler, Seidel, Zeidler. Das im Namen Zante enthaltene alban. *ζάνατ-ι* bedeutet auf Türkisch Handwerk (*schola*), *ζανατ῾σί-υ* Handwerker, abzuleiten von Zinn, Zahn, Zaun, weshalb *ζάνμε-ja* den Sinn von Anfassen, Ergreifen hat. Die Achte mit dem Kegelkönig in der Mitte gleichen der Oktave der primitiven Mitlauter, von dem Selbstlauter a (Stier) geführt: sie haben mitzubrüllen, was der Treiber ihnen vorbrüllt. Besonders lehrreich zur Ergründung der Neune wird *ἐννέα* durch homologe Ausdrücke im Albanesichen: *ἐννε-α* Gefäss, *ἐ῾νδε-ja* Kelch, Kahn, *ἐνδα* Hunger (*endo, ando* im Gerundium), *ενd* und *ἐντ* ich webe (wovon *ἐντερε-α* Traum = Trumm, *interea*), *ενδεζε-α* Elle. Die Bewohner der Marquesasinseln scheinen Haube und Hufe der Neune gleichzustellen, da *hiva, ive* (Haufe) für sie den Sinn von 9, *upo, hupoco* von Kopf hat; die übrigen Malaiisch-Polynesischen Sprachen weisen mit ihrer Neune auf *Siwa*: *siva, ziuva, sivi, civi, siyam, suve, tiva, siu, tihu*, was dem Burgrecht (*burgarii*) oder *jus teutonicum* gleich kommt. „Nihilisten" verräth das anlautende n im Taïtischen, das auf *niho* Zahn, *nero* Nagel zurückzuführen sein dürfte: *nana=suus, na* reden, *nau* Ton (nun), *neo neo* stinken (*pedo: peto*), *nenei* drücken, zwicken, *nooa* fangen, *namu* Fliege, *niao papa* Feuer kleiner Leute, *nia* hoch oben, *nono: morinda citrifolia*, Zitterbaum, aus welchem die Apollozither für die neun Musen geschnitzt wird, *ninita* Papajabaum, *niu* Baumwollenbaum, *nira* Nadel (Nürnberger Nadlerei), *noho* verweilen, *noï noï* klein, gering, *nunaa* Volk (*homines novi*). Die Wurzel für die Neuen und Neuner ist נכֹּף: ein digammatisirtes Knüpfen (Winden, Wickeln), das den Stand der *nexi* bedingt und in עב (*nubes*:

sprossen, wachsen) sowohl mit der Huborei als dem Proletariate zusammentrifft. Ein Neunergericht hat sich in Schwaben bis zu einer verhältnissmässig späten Zeit erhalten, als ehrwürdiges Denkmal vergangener Zustände, die selbst auf das alte Rom ein helles Licht fallen lassen. Stadt und Amt Böhlingen hatten ein solches Gericht, dessen Beisitzer von den Städtchen Böblingen und Sintelfingen und den Amtsflecken gewählt wurden. Später wenigstens waren es nicht 9, sondern 12: unter dem Vorsitz des Vogtes und des Amtsschreibers berieth die Versammlung über alle Angelegenheiten, welche die Wohlfahrt des gemeinen Amtes betrafen. Gegen ihre Beschlüsse gab es keine Einrede. Unvertreten war allein der Amtsort Dettingen, und ich fürchte keinen Irrthum mit dem Satze zu begehen, dass sich die Tities ursprünglich den Ramnes oder Freimärkern gegenüber in einer ähnlichen Lage befanden, blose *nexi* (Anhängsel) von diesen bildeten. Die Stadtneuner blieben so lang im Amt, als sie im städtischen Rathe als Richter oder Rathsverwandte sassen, oder zu Magstatt und Maichingen im Fleckengericht, denn der Magen theilt sich in einen Stadtmagen und Fleckenmagen. Von den Städten hatte eine jede 2 Neuner, die Flecken nur einen, der in den gemeinen Flecken alle 3 Jahre neu gewählt werden musste. Drei Altneuner gingen Jahr um Jahr ab und 3 Neuneuner traten an ihre Stelle. In ähnlicher Weise werden so ziemlich überall die *forensia* und *interna* gemeinschaftlich geordnet worden sein. Damit schwindet alles Auffallende, das in der Behauptung liegt: unser nun (*nunc*) habe den Sinn von *non* (nein), wie denn das fragende Nun? eine indirecte Verneinung sein soll. Aus *uncia* wurde auf dieselbe Weise ital. *unque* (niemals) gebildet und *nondum* ist ein adverbiales *nundinae*: *dum* — *domus* Damm, *dominus*, wie ital. *ancóra* — *áncora*, denn der Anker gewährt Festigkeit und Dauer, die *nundinae* aber haben mit der Vesta nicht das Geringste gemein.

Das Unsichere und Wechselnde, das in dem Zeitabschnitt zwischen Calenden und Nonen liegt, hat im Verhältniss der Nonen zu den Iden einer unverrückbaren Regel weichen müssen: die Schild- und Wochenzahl duldet hier keine Aenderung, sowenig als die Wechselzahlung, denn von fälligen Wechseln hat man die *Idibus redacta pecunia* zu verstehen, die nach erfolgter Zahlung als Fidibus benutzt werden. Das πλινθιον oder die *dies concurrentes* der Plutten (Blinzler = Zuwinker) halten sich strengstens innerhalb des Septenars: eine Woche lang muss nach Jüdischem Ritus bei eintretendem Todesfall das Geschäft geschlossen bleiben. *Foetus pecoris die octavo purus est*: am achten muss bezahlt, die Schuld abgetragen sein. Die Griechen scheinen den Iden eine grosse Wichtigkeit beigelegt zu haben, da sie *ιδειν* und *ιδεα* zum Stamme zählten: „schau' in dich und überschlag' es!" Ob du nämlich auch rechtzeitig den einzugehenden Verpflichtungen in 14 Tagen wirst nachkommen, das Nexum abwickeln können. Die Etrusker verstanden unter *iduare* die Dividirkunst, die alle vier Spezies in sich begreift: *Iduum nomen a Tuscis, apud quos is dies itis* (altgeg. *ιθι* durch) *vocatur, sumtum est; item autem illi interpretabantur Jovis fiduciam. Unde et omnes Idus Jovis ferias observandas sanxit antiquitas*. Das war um so natürlicher, als die Jupiter's Namen tragende *juglans*, als allgemeines Werthobject, vor dem Aufkommen von Werthzeichen ganz vorzüglich zur Berichtigung der bei Tausch und Kauf erwachsenden Schuldforderungen, desgleichen zur Bezahlung von Zinsen sich eignete. Der regelmässige Verlauf der siebentägigen Woche verlieh dem Rundschild seine ganz unberechenbare Bedeutung, wie die Reihenfolge der die Wochentage bezeichnenden Planetengötter den Zahlwerth jedes einzelnen von ihnen bedingt: Sonne (Apollo), Mond (Artemis), Mars, Mercur, Zeus, Venus (phöniz. Ongka), Saturn. Es war strenges Gebot, den Sonnengott nach Süden, die Mondgöttin nach Osten schauen zu lassen: der electrische Sonnenglanz vertritt das Delische Zollrecht der Gelben. Alle *item*: Soll — Haben, *Debet* — *Credit*, hängen an dem Wickelfaden der *Fides*, ohne die kein Creditgeben denkbar ist: ihren Wohnsitz hat sie in der *aedes* aufgeschlagen und den *aedilis* zu ihrem Wächter bestellt, vor dem alle *idui* — ὅμοιοι sind, denn das Zahlen kennt keinen Standesunterschied. Sie ist es aber auch, die das Wesen der *aera* bedingt: die Alten verstanden darunter einen Zeitabschnitt, von welchem die *fides regni*, der Reichscredit, beginnt, was nur dann der Fall sein konnte, wenn das *jus commercii* sich über ganze Länder erstreckte, der Bann, den das Markenrecht den Märkern auferlegte, somit gebrochen war. Reichsfrei wird die Waare, darum auch das zugewogene und geprägte Metall durch das (engl.) *waranto* der Gewere, weshalb man es nothwendig auf die Iden zu beziehen hat, wenn alban. *ίδε*-ja einen Baum mit rothen Früchten (Kirschen?) bedeutet. In dem Sinn ist die Marktfahne eine Idee. Es war darum auch ein weltgeschichtliches Ereigniss, als die Römischen Münzen in Alexandrien coursfähig wurden: wie wird Mercur sich die Hände gerieben haben! Die Römer verbanden mit dem Begriff der Präfecturen, der spätern Burggrafschaften, eines Theils das Mess- oder Marktrecht, andern Theils einen von Rom abgeordneten *praefectus juri dicundo*, der über die stricte Beobachtung aller aus dem *commercium* entspringenden Verbindlichkeiten zu wachen hatte. Wegen der Identität von *aedes* und *fides* begreift es sich, warum in Rom die *aediles curules* dazu ausersehen wurden, die *plebiscita* in den Cerestempel zu schaffen: was überhaupt auf den gemeinen Geschäftsverkehr Bezug hatte, wie Mass, Gewicht, Waage, Preis, gehörte in den Geschäftskreis der Aedilen und namentlich setzte das *edictum aedilitium* die Getreidepreise fest. Kaiser Augustus erliess eine Verordnung, dass

Niemand eine Prätur bekleiden sollte, der nicht zuvor Aedil, Quästor und Volkstribun' gewesen. Wie immer die *aedes* beschaffen sein mag: sie wurde der *fides* der *Vesta* errichtet und bot einen äusserst belebten Anblick dar in den Markthallen (*porticus*) und auf den Wechslerbänken, denen die Aedilen als amtliche Sensale vorstanden. Hier waltete die Glücksgöttin (Fortuna), deren Rad (Tempelrund) unausgesetzt im Drehen begriffen ist. Die *simulacra Fortunarum* wurden als Glückskästen bei *Antium* (*Porto d'Anzo:* Seehafen) herumgefahren und mussten „wahrsagen" wie die Kartenschlägerinnen, thaten es aber nur um Geld. „Nie ohne das!" Dass von jeher *simulatio* (Heuchelei) dabei im Spiele war, sagt *simulacrum*. Schon Fortuna's Rad weist die Iden dem eisernen Zeitalter der *ferra* und *aera* zu, ganz unumwunden die *Idaei dactyli in Creta ferreo colore, qui pollicem humanum exprimunt*, und, fügen wir hinzu, von der *magna mater* stammen. Ist es Sache des Consul-Censors die Censur (alban. κύνσο Steuer) zu ertheilen, so erlässt der Prätor sein Idäisches Edict, das im Felde vom *praetorium* herabweht, wogegen der *ordo equestris* in der Ordonnanz dient und Ordonnanzen erlässt: *proprisiones — decreta, proquiritare — publicare*. Bei den ältesten Papstwahlen betheiligten sich der Reihe nach *clerus, ordo, populus;* auf dem weltlichen Gebiet entsprachen ihnen *capitanei, valvassores* und *plebs*.*) So wenig die Iden ausschliesslich für einen besondern Stand eingerichtet waren, so waren sie als Tage der höheren Börsen- und Handelswelt doch vorzugsweise des Adels wegen eingesetzt, der alle bedeutenden Finanzoperationen und Handelsgeschäfte an sich zu ziehen wusste und Handelsfirmen vorstellte. Die Beweise für den Ausstellungstag der Wechsel „auf Sicht" (*italicana*: notarielle Urkunde im Lombardgeschäft) häufen sich, sobald man Idus mit *od, vod,* διδα, ειδεναι, Oedipus,

---

*) Muratori Antiqq. IV. 632.

sodann *fides* mit *video*, *Odin*, *Voden* — *Hengist* und *Horsa* waren die ersten bei den Angelsachsen — zusammenhält. Den Mittelbegriff bildet *iter* (*itinerari*), so dass die *justitiarii itinerantes* (*itinera — Idus tenentes*) zumeist in Sachen des Handels und Verkehrs, somit nach Billigkeit (*aequitas civilis — jus italicum*) gesprochen haben werden, als *justices in eyre, super la eyre* (= *area* s. v. a. *rod*: Ruthe und *route*) *deambulantes, perlustrantes, itineres de Corona, barones errantes. Provinciis praesidentes per omnium villas sensim atque usitatim vicosque cunctos discurrant, et ultro rimentur a singulis quis unusquisque compulsor**) *insolenter egisset aut cupide.* Die Normannen bezeichneten *iter* durch *ales*, mit *aletol* das Weggeld, was es erklärlich macht, dass *alcadus* (Alkalde) einer der vielen Namen für Skabine ist. Die Scipionen sind *alites* und *alti*, sowohl alt- als hochgeboren, ihre Statt, die mit Pappeln bepflanzte *aubenia*, als *Albenia* (*Alba*) zu deuten und mit dem *droit d'aubaine* (*aubana*) behaftet. *Albanum* (Eben- d. h. Eberholz), *albepinus* (Weissdorn: Edelweiss) bezeichnen das gewaltthätige Auftreten, die *alberga* (Vogtschaft) der *albani*: *hospites* oder Einquartirte und Halsberge in der *alberga* (*auberge*). In allen Vicecomitaten hatten die Britischen Reiserichter ihre Curien abzuhalten, bis *justitiarii assisarum* aus ihnen wurden. Unabsichtlich wird es nicht geschehen sein, dass der grosse Credittag auf die Mitte des Monats (*medio* der Börse) verlegt wurde, zugleich die Grenzscheide zwischen *tutela* und *sacrum*: die reichen Seckel und Schellen gravitirten nach dem Mittelpunkt des Staatsganzen, standen in der Mitte zwischen dem hohen Senat und der niedrigen Plebs, mit dem Schild der Fides bewaffnet, daher „Sieben Schellen" stehende Zahl wurden in den Predigten Geiler's von Kaisersberg. „Klappern gehört zum Handwerk": so dachten schon die privilegirten „Täuscher" (*tusci*) des Römischen

---

*) *Fiscalium onerum exactor, ἐπιώπτης, ἐπιβιαστής.*

Forums, die kurzgeschorenen *tosi* der Geldaristokratie. Wie gut wusste nicht der gepriesene Atticus in Freundschaft und Geschäft zu machen! Aber vor Allem das Geschäft, dann erst das Vergnügen für die *jeunesse dorée*: beschnittene Dukatenjungens! Der Steinbock (*capricornus*: Geiselhöring) hat den kürzesten, der Krebs (*cancer*) den längsten Tag. Dem Widder blieb die Tag- und Nachtgleiche, zugleich der bürgerliche Tag (*dies civilis*) mit seinen Licht- und Schattenseiten, in deren Nuancirung die Römer eine seltene Meisterschaft bewiesen. Wie die Deutschen bis um das 13te Jahrhundert, so rechneten die Römer nicht nach Tagen, sondern nach Nächten. Handelte es sich um den Tag im Unterschied von der Nacht, so dauerte er von Sonnenaufgang bis zu Sonnenuntergang: *Solis occasus suprema tempestas esto* — stand auf den XII Tafeln hinsichtlich des Zeitpunktes, bis zu welchem gerichtlich verhandelt werden konnte. Wer nächtlicher Weile einen Diebstahl beging, konnte ungestraft getödtet werden. *Occasus* (*occido*), der Westen, bedeutete nicht nur den Untergang der Sonne, sondern auch des Lebens. Die Athener begriffen unter einem Tag die Zeit von einem Sonnenuntergang zum andern; die Babylonier von einem Aufgang zum andern; die Umbrer von einem Mittag zum andern: was so recht diesen fleckigen Wieseln entsprach. Von den Römern dagegen sagt Varro: *Homines, qui ex media nocte ad proximam mediam noctem his horis viginti quatuor nati sunt, uno die nati dicuntur.* Bei allen westeuropäischen Völkern, ja bei der gesammten Christenheit, fand der altrömische Tag Eingang: um Mitternacht ist Jahres-Anfang und davon hängt der Anfang des Tages für das ganze übrige Jahr ab. Ihre Tagfeste feierten die Römer von Tagesanfang bis um Mitternacht; ihre Nachtfeste von 6 Uhr Abends an, zur Zeit wann die Juden, die zäh am Nachtdienst festhalten, ihre Sabbatfeier beginnen. Nach Mitternacht stellten die Römischen Magistrate die Auspication an; nach Sonnenaufgang folgte der *actus* (= *ductus*). Entfernte sich einer der Volkstribunen, die keinen ganzen Tag von der Stadt abwesend sein durften, nach Mitternacht und kehrte nach der ersten Fackel vor Mitternacht zurück, so hatte er dem Gesetz Genüge gethan. *Primum tempus diei dicitur mediae noctis inclinatio, deinde gallicinium, inde conticum, deinde diluculum, inde mane cum dies clarus est; deinde a mane ad meridiem. Inde jam supra vocatur tempus occiduum, et mox suprema tempestas; deinde vespera: ab hoc tempore prima fax dicitur; deinde concubia et inde intempesta* — nach dem Abendtrunk ist keine Zeit für Geschäfte mehr. Hesperien hiess den Griechen Italien, nicht blos weil es geographisch gen Abend lag, sondern weil dort nach Nächten gerechnet wurde, Hesperus, nicht Helios, die gesellschaftliche Ordnung bestimmte. Einen *Eridanus* gab es in Attika sowohl als in Gallien: hier betrauerten die Töchter des Phaëton ihren verunglückten Bruder.

In der Benennung der Tageszeiten findet zwischen Römern und Germanen der nicht unerhebliche Unterschied statt, dass bei ersteren der Mittag (*meridies*), bei letzteren der Morgen die Grenzscheide bildete, daher die Deutschen ihre Nacht vom Abend bis zum Morgen gerechnet haben müssen. Was nach (ὀπίσω) oder zu dem Brot genossen wurde, als Zugabe: Obst, Nüsse u. s. w. hiess den Griechen ὄψον und daraus wurde Abend (Hesperidengarten) gebildet. Vespern meint Obst und Brot verzehren, die Brote und Fische der Bergpredigt, da die Griechen ihren Fischmarkt durch ὄψον bezeichnen. Die *causas feriarum* hatte der *rex sacrorum* den Landleuten zu predigen, somit keine Fest- sondern Feiertage. *Sacra celebritas est vel cum sacrificia Dis offeruntur, vel cum dies divinis epulationibus celebratur, vel cum ludi in honorem aguntur Deorum, vel cum feriae observantur. Feriarum autem publicarum genera sunt quatuor. Aut enim stativae sunt, aut conceptivae, aut imperativae, aut nundinae. Et sunt stativae universi populi communes certis et constitutis diebus ac mensibus, et in fastis statis observationibus annotatae, in quibus praecipue servantur Agonalia, Carmentalia, Lupercalia. Conceptivae sunt quae quotannis a magistratibus vel a sacerdotibus concipiuntur in dies certos vel etiam incertos: ut sunt Latinae, Sementivae, Paganalia, Compitalia. Imperativae sunt quas consules vel praetores pro arbitrio potestatis indicunt. Nundinae sunt paganorum ac rusticorum, quibus conveniunt negotiis propriis vel mercibus provisuri.*

Hiernach beschränkten sich die *feriae Nundinarum* als Wochenmärkte ursprünglich auf das Landvolk, wogegen seit der Annahme des Julianischen Kalenders sie von Einigen den *Jovis feriae*, d. h. Iden, von Andern sogar den *dies solemnes* (Saltagen) gleichgestellt wurden. *Siquidem Flaminica omnibus nundinis in Regia Jovi arietem solent immolare; sed lege Hortensia effectum ut fastae essent, uti rustici, qui nundinandi causa in urbem veniebant, lites componerent. Nefasto enim die praetori fari non licebat.* Einen feiertäglichen Anstrich, wenn auch nur einen ganz leichten, müssen die *dies nundini* von dem Augenblick an bekommen haben, da die Bauern ihren Kindern eigene Namen geben, den Fluch des *inominatum* (Namenlosen) von der Stirne der Neugebornen wischen durften. Dazu verhalf ihnen die Servianische Verfassung, welche die *servi* zu benannten Grössen machte, indem sie ihnen Zugang zum *flaminium* (*jus flammeum*), d. h. zu den *sacra publica*, verschaffte. Ein *jus civile* bekam die Plebs erst in Kraft der XII Tafeln. *Est Nundina Romanorum Dea, a nono die nascentium nuncupata, qui lustricus dicitur. Est autem dies lustricus quo infantes lustrantur et nomen accipiunt: sed is maribus nonus, octavus est feminis.* Die achttägige, d. h. christliche, Woche hat ein weibliches, die neuntägige ein männliches Aussehen: lustig ging es an dem achttägigen sowohl als dem neuntägigen *lustricus* zu, denn es gab Kindelbier, wie beim Taufschmause, nachdem der neue Weltbürger von der *Flaminica*, welche an allen *nundinae* in dem Reichspalast (*regia*) dem Jupiter einen Widder opferte, seinen Kalendernamen bekommen hatte. Die *lustratio* des *lustricus* kann nur die *lustratio per aërem*, ähnlich wie bei den Markumzügen des Lustrums, gewesen sein: der Neugeborne kam zum ersten Mal an die Luft, wohl auch die Wöchnerin seit ihrer Niederkunft, was Anlass zu der Benennung Wochenbett gab. Eltern sowohl als Pathen werden dem Namengeben beigewohnt haben, und es lässt sich denken, dass die Patrone und Tribunen in der Regel Pathenstelle vertraten und dem „Benannten" ein Angebinde machten.

Die kategorische Forderung Cäsar's, dass die *nundinae* als wirkliche *dies feriati* betrachtet und an ihnen alles *agere cum populo* untersagt sein sollten, steht in genauem Zusammenhang sowohl mit seiner Kalenderreform als seiner gesammten Politik. Das alte Jahr hatte am 17ten December, folglich an einem *trinum nundinum* begonnen, so dass die sacrale Monatshälfte der tutelaren vorausging, die Plebs somit mit ihrem *nundinum* bis zum Ultimo von der Tutel völlig ausgeschlossen war; dessen zu geschweigen, dass im Kirchenjahr die Märkte gänzlich ausfielen und erst wieder mit dem letzten Februar ihren Anfang nahmen. Früher waren es somit nicht die Kalenden, welche die *tutela* schlossen, sondern die Iden, die schon der Idäischen Daktylen wegen für einen zur Mancipation berechtigten Stand eingerichtet sein mussten. Es waren die schwärzesten Packtage, an welchen der vornehme und reiche Gläubiger seine Hand, richtiger Krallen, auf den niedrigen und armen Schuldner legen durfte, wodurch sie das meiste Geld einbrachten, welches an den Kalenden von Neuem ausgeliehen werden konnte. Es hat zu sehr den gesunden Menschenverstand für sich, dass das Einziehen von Schulden und das

Ausleihen von Capitalien nur an den beiden betreffenden Tagen gesetzlich erlaubt war, als dass ernstliche Einwände sich dagegen erheben liessen, um so weniger, als die Römische Tagesrechnung, die von Mitternacht bis zu Mittag lief und zwischen Schwarz und Weiss sich theilte, vortrefflich zu der Verlegung des Ultimo in die Mitte des Monats passte. In Deutschland, wo die Nacht ganz schwarz war, weil sie vom Abend bis zum Morgen lief, musste ebenso folgerichtig der Ultimo als Idus oder Abrechnungstag auf den letzten fallen, wie ja auch die christliche Woche um einen Tag kürzer war als die Römische.

Dadurch dass Cäsar Jahr und Monat mit den Kalenden, nämlich mit dem Monatstag der Mittelclasse und beim Beginn der tutelaren Monatshälfte, anfangen liess, drückte er die privilegirte Nobilität der Salherren eines Theils zu dem Höhenmasse des *populus* herab und erhob andern Theils genau um ebensoviel die im Recht zurückgesetzte Plebs, die in Folge dessen an den Wohlthaten der *civitas romana* Theil nahm. Um dessen willen war Cäsar's Politik durchaus populär, indem er die sacra hinter die *tutela* zurücktreten liess, den reichsstaatlichen Schild des Römischen Bürgerthums über die heiligen Ancilien hinaufhob und damit der Salung ihre Spitze abbrach. Auf die Weise lässt sich die alte Jahreseintheilung genau feststellen.

Vesta: 17 December — 15 Jänner.
Juno: 16 Jänner — 14 Februar.
Neptun: 15 Februar — 16 März.
Minerva: 17 März — 16 April.
Venus: 17 April — 17 Mai.
Apollo: 18 Mai — 17 Juni.
Mercur: 18 Juni — 18 Juli.
Jupiter: 19 Juli — 17 August.
Ceres: 18 August — 16 September.

Vulcan: 17 September — 16 October.
Mars: 17 October — 16 November.
Diana: 17 November — 15 December.

Für den 16ten December, als letzten Jahrestag, hatte der alte Kalender keinen Platz: der Sylvester war gleichsam vogelfrei, womit sich die durch August vom 15—17 December angeordneten Gerichtsferien in eine schickliche Verbindung bringen lassen, da vor Zeiten am 16ten die Frauenmilde der Licinia, deren Name vernehmlich an *luscinia* und *lustrica*: Lustigmacherin anklingt, an die Stelle des *jus strictum* trat. Für eine Frau Prätorin fand sich im Kalender, der zur Aufrechthaltung des Prätorischen Rechts ausdrücklich eingesetzt war, keine Stelle: es war Fastnachtsjustiz, allgemeine Sündenvergebung, Jahresabsolution und darum der geeignetste Beschluss oder Kehraus der Saturnalien und des nichts weniger als säuberlichen Juxes. Die Griechen wussten nichts von diesem Wechselbalg, dem Nestkegel des Carnevals und Anteros jenes innersten Testikels, über welchen einige Schriftsteller so wundersam munkeln, und darum war ihr Kalender richtiger als der Römische.

Die Iden des Märzes, die für Cäsar so verhängnissvoll wurden, weil er es wagte, nach Abschaffung des Salfestes an dem hohen Tage *cum curiis agere*, fielen im alten Kalender auf den 15ten Februar, wie im neuen auf den 15ten März, und um diese eine Angel dreht sich die ganze Kalenderreform Cäsar's. Da der März ein Langmonat war, so kamen die Kalenden auf den 3ten und die Nonen auf den 7ten März. Der April, mit 29 Tagen, hatte seine Iden am 17ten März, die Kalenden am 1sten und die Nonen am 5ten April. Die Iden des Mai fielen auf den 17ten April, seine Kalenden auf den 3ten, die Nonen auf den 7ten Mai; die Iden des Juni auf den 18ten Mai, seine Kalenden auf den ersten, die Nonen auf den 5ten Juni; die

Iden des Juli auf den 18ten Juni, die Kalenden auf den 3ten und die Nonen auf den 7ten Juli; die Iden des August auf den 19ten Juli, seine Kalenden auf den ersten, die Nonen auf den 5ten August; die Iden des September auf den 18ten August, seine Kalenden auf den 3ten, die Nonen auf den 7ten September; die Iden Octobers auf den 17ten September, seine Kalenden auf den 3ten, die Nonen auf den 7ten October; die Iden Novembers auf den 17ten October, seine Kalenden auf den ersten und die Nonen auf den 5ten November; endlich die Iden Decembers auf den 17ten November, mit den Kalenden am ersten und den Nonen am 5ten December. Auf die Weise liess Cäsar die Nonen ganz unverändert fortbestehen und mit ihnen zugleich die Nundinä.

Im Deutschen gab man den *dies feriati* (*tempus feriatum*) oder *observabiles* den Namen „gebundene Tage"[*]) im Sinn von Gerichtsferien; da nun eine Handschrift zu Art. 4 § 4 des Sächsischen Lehnrechtes ein Kreuz innerhalb eines Doppelkreises und ein zweites Kreuz auf diesem zeigt, so hat man nach Lage der Dinge im eingeschlossenen Kreuz die gebundenen, im überragenden die *dies solennes* nebst dem Solennitätszeugniss zu erblicken, womit das auf dem Ciborium stehende Kreuz übereinstimmt. Das Bannkreuz hat ganz die Gestalt der durch einen Kreuzstrich gezeichneten und in 4 Bissen eingetheilten altrömischen Brote, während der Jüdische Brotlaib Aehnlichkeit mit dem *opus reticulatum* auf dem Schwäbischen „Mütschele" hat, denn der Mutschel- oder Semmelbäcker (*pain de gruau*) schwört reichsrechtlich auf *Inventionis* und *Exaltationis Crucis*. Ein *dies feriatus* im vollsten Sinne des Wortes war in Rom der auf den 23sten September, also in den Vulkansmonat, fallende *Mercatus*, Jahrmarkt oder Stadtmesse für die

---

*) Göschen, Goslarer Recht 439.

gesammte Bürgerschaft, weshalb die Handelswelt gewiss nicht auf das Comitium beschränkt war, sondern das ganze Forum zu ihrer Verfügung hatte. Als Käufer sowohl wie als Verkäufer konnte sich dabei Jedermann einfinden, der das *jus commercii* genoss, keineswegs nur die Römischen *comitiales* (Mutuisten), obschon diese beim *commercium* zunächst in Betracht kamen, weil sie die Wochenmärkte zu versorgen hatten. Im alten Kalender fielen die Iden des October auf den 17ten September (Lambertus), somit 6, nicht 5 Tage früher als der *Mercatus*, dessen Heilige den sentimentalen Namen Thekla führt: Doge oder Puppe. Dem alten *mercatus* gleichgestellt wurden mittelalt. *fera*, *feria*, ital. *fiera* (Messe); *fertum* (Gedränge) aber hatte nicht blos die Bedeutung von *nundinae* (Wochenmärkte), sondern auch von ¼ Mark (engl. *farthing*), was sich so deuten lässt, dass die *nundinae* ³/₁ weniger galten als der *mercatus*. Silbermark und Silberschilling unterscheiden sich wie Stadt und Land. Aus *fertum* entsprang *ferdella*: ¼ Ruthe (*terra virgata*), *frustum*: ¼ Pfund, wodurch allen Feriaten die Heller- d. h. Reichsfreiheit zugesichert sein musste, obschon sie nur den vierten Theil eines rechten Quadratus werth waren. Das ganze Mittelalter hindurch durften Dorfmärkte nur an den Kirchweihen abgehalten werden, daher der Vorzug des Fleckens vor dem Dorf darin bestand, von diesem Banne frei zu sein. Fassbinder, Köhler und Radmacher liess man auch auf den Dörfern nicht bloss zu, sondern gewährte ihnen häufig noch Holzberechtigung, Schmieden, Hausbäckern, Schneidern, Leinewebern, Zimmerleuten wenigstens die Niederlassung.

Zu den *nundinae*, die erst später zu *dies feriati* erhoben wurden, gesellten sich 3 ältere Categorien von Ferien, zunächst die *stativae*: Stadt- oder Staatsferien. Es würde aller gesunden Kritik zuwiderlaufen, wollte man die 3 Furien, sowie die 3 Horen, Töchter der Themis, ausser

Verbindung mit den *feriae* lassen. Ἐρινύς ist Erinnerung und da, wo es dreierlei Recht gab, musste es nothwendig auch dreierlei gerichtliche Erinnerungs- oder Mahnweisen geben: *Alekto, Megaera, Tisiphone,* Schwestern der Giganten oder Gyspürer, können nichts anders gewesen sein, als Spürerinnen der Eunomia, Dike und Irene. Ist doch Irene dasselbe, was Erinnye. Alekto dient der Eunomia oder Scharfrichterin als Hahn (Hektorin) und Behüterin der Stadt; ihr zu Liebe wurden die *feriae stativae* zur Sicherung des Stadtbanns, eigentlich Stadiums (*hora*), eingeführt. Die Verwandtschaft der Alekto mit *ἄλς* und *saltus* führt von selbst darauf, dass die salrechtlich gestellten Tribus dabei in Betracht kamen, und in der That waren die hauptsächlichsten Stadtferien Tribusspiele: die *Agonalia* die *ludi* der *Ramnes,* die *Carmentalia ludi* der *Tities,* die *Lupercalia ludi* der *Luceres,* die als *ludi superiores* insgesammt mit dem Masstab des Stadiums gemessen sein wollen. Hinter der sitzenden Dike steht die Megäre als Wächterin über die *feriae conceptivae.* Schon des Mäk! Mäk! wegen hat man es mit der Aegis und ihrer *δικαιοσυνη*: Sühne der Dike, zu thun, zugleich mit der *νικη* (*Athene noctua* = *νεικιος,* alban. *φυφυφέικε-α* Schuhu) und *negatio* der Diktatur, und zwar als Zwiebelferien (*caepae*) der *concepti, fortes* sowohl als *sanates.* Der nächste Anverwandte der *φυφυφέικε-α* (Ohreule) ist die (lat.) *upupa:* Wiedehopf (Wiedenhaube wie der Ibis; taït. *upoo* Kopf), der ein ungewöhnliches Geschick darin besitzt, seine Eier in absonderliche Nester zu legen, wie die Ritter im Mittelalter ihre Hunde und Kinder in fremde Herbergen. *Conceptivae sunt quae quotannis a magistratibus rel a sacerdotibus concipiuntur in dies certos vel etiam incertos, ut sunt Latinae, Sementivae, Paganalia, Compitalia.* Sehe ich recht, so sind die *Latinae* und *Sementivae* priesterliche, *Paganalia* und *Compitalia* magistratliche Conceptionen, denn die Megäre hat einen geistlichen sowohl als weltlichen Magen und beide können ordentliche Stücke verdauen — echte Bocksmägen. Auch der Thebageborene Herakles, ein Freund von Tafelfreuden und Tafelgeldern, verzehrt lieber ein Lendenstück als Knochen, verdaut es lieber mit dem eigenen Magen, als dass er den Stiersmagen verkostet, womit der listige Prometheus vor dem Jupiter die ganze Bescherung zudeckt.

Seither sieht man den Göttern die Stämme der Menschen
auf Erden
Immer die weisslichen Knochen verbrennen auf duft'gen
Altären.

Die *ferine Latinae* sind Litaneienfeiertage: $\lambda\iota\tau\alpha\zeta o\mu\alpha\iota$, $\lambda\iota\varsigma$, $\lambda\iota$ — Ausgleichungen der *lites* durch die Priester, nicht durch die *stlites* ($\sigma\tau\eta\lambda\iota\tau\alpha\iota$), denn diese haben sich strengstens an die *leges* zu halten. *Inter benevolos aut propinquos dissensio vel concertatio j u r g i u m, inter inimicos dissensio l is.* Verwandt damit ist *sementivus* von $\sigma\eta\mu\alpha\iota\nu\omega$: das „Geseige" und die Siegelung, die schöffenbarer Natur waren und in Rom den Priestern Geld eintrugen. An den betreffenden Ferien werden von den Priestern darauf bezügliche Festumgänge vorgenommen worden sein. Die *Paganalia* und *Compitalia* können, schon wegen der mit den *Agonalia* u. s. w. übereinstimmenden Wortbildung, unmöglich von etwas Anderem zu verstehen sein, als von den *ludi* des *pagus* und der *compita*, folglich der beiden untersten Volksclassen, zu Ehren der vom *pagus* und der *compita* aufgebrachten Staatseinnahmen: *pagere* und *pangere* meinen den *clavus* dieser *ferrea necessitas*, während *aes compitale* Chausséegeld bedeutet haben muss, die Regensburger „chalmünz" i. e. *teloneum imperii quod solet recipi extra civitatem*. Statt *compitale* könnte man mit gleichem Recht *computale* sagen, im Allgemeinen aber betheiligten sich an den *feriae conceptivae* nur *capita papaveris, caerites, cerei, tabularii, libertini*. Jahrtausende sind darüber hingegangen, dass der *cereorum missitandorum mos* an den Römischen Saturnalien sein Unwesen trieb, und heute noch erschallt auf dem Corso am Moccoli - Abend das *sia ammazato!* beim Ausblasen der Wachsstümpfchen. Wachszinsig ist alle Clientel. *Cum multi occasione Saturnalium per avaritiam a clientibus ambitiose munera exigerent idque onus* — für das Patronat — *tenuiores gravaret, Publicius tribunus plebis tulit, nonnisi a ditioribus cerei missitarentur.* Der Megärenruf hat den Doppelsinn: „Sei durchgekeult und abgeschmatzt" — dort engl. *mace* (Keule und Muskat — Moschus), hier die Judenmatzen oder Plätzchen. Im Dunkeln ist gut plätzen (umarmen), wenn man am Moschusgeruch die Dirne erkannt hat, wodurch Mist, Miethe, Meth ($μοιτος$), Most in die nahe Beziehung zu Mädchen — nicht Jungfrau — treten. Es könnte sein, dass die Langobardischen Jungfrauen, um nicht für Mädels gehalten zu werden, Hühnerfleisch auf den Busen legten und hier faulen liessen: die *putida* wies sich so als *pura (puta)* aus. Messgeld forderten die Megären und Ulmer Spatzen, deren Stadtbrief die Bestimmung enthielt: *Villici, ministri, molendinatores venientes ad civitatem et civilia recipientes debent computare cum dominis suis a quibus recesserunt.*

Lamentatrix, computatrix, cantatrix, mercede quae
Conductae flent alieno in funere praeficae
Multo et capillos scindunt et clamant magis`).

Weil die *tabulae Caerites* der Ceres geweiht waren, setzte das XII Tafel-Gesetz auf das *frugem aratro quaesitam furtim pavisse ac secuisse* die Strafe des Stranges, in Gemässheit des *nexum*, das zu dem schrecklichen Wahnglauben führte, die *Mania* lasse sich, gleich dem Minotaur, nur durch Knabenopfer besänftigen.

Schon aus dem Grund waren Irene und ihre Gehilfin Tisiphone nur über solche Leute gesetzt, welche das Schwein

---

`) Nonius Marcellus, Sat. 221.

im Wappen führten: *Tisi-phone* s. v. a. ϑητων φονος, zugleich *vinum* oder Trinkgeld der Gebroteten (*thius*), deren Feiertage, die ϑιασειαι, deshalb Bacchischer Natur waren, wie auch ihr Tanz der ϑιασος. Irene ist identisch mit φρυνη (Kröte und Grete), ein Friedensmann demnach ein *toadeater*: Neuntödter.

Imperativae sunt quas consules vel praetores pro arbitrio potestatis indicunt: Waldbotenfeiertage, *feriae Martis*. Dem ersten März gaben die Römer den Namen *feriae Marti*; geboten wurde ausserdem im Namen des Mars bei jedem bevorstehenden Auszug des Heerbannes, zu den Triumphen u. s. w. Damit waren jedoch die Feiertage noch lange nicht erschöpft. *Sunt feriae propriae familiarum, ut familiae Claudiae, vel Aemiliae, seu Juliae, sive Corneliae; sunt singulorum, ut natalium fulgurumque susceptiones, item funerum atque expiationum.* Bei allen *feriae privatae* fungirte das Geschlechts- oder Familienoberhaupt an Statt des Priesters und hatte die *operationes* (Opferungen) und *susceptiones* (Schaffungen, Schöffenarbeiten) vorzunehmen. Was überhaupt zur Familie gehört, ist sacraler, darum weiblicher Natur: alban. φεμίjε-α Familie (*fimus, femina*), φέμιρε *feminalis*, φεμύαρ-ι, wie denn *femur* schlanke, d. h. von einer Schlinge (Gürtel: Hosenband) umgebene, Wesen voraussetzt. Zu den Hausfesten wurden auch Manumissionen, Verlöbnisse und Anderes mehr gerechnet: bei den *feriae deniciales*, Tennen- und Tannenfeiertage, bestand die *purgatio familiae* darin, dass der Todte des Nexums, das ihn an die Familie und ihre *sacra* knüpfte, feierlich für los und ledig (*de*) erklärt, durch den *denier de St. Pierre* und die *tannus baccata* (Räucherung) aus dem Fegefeuer (Vogtschaft) entlassen wurde, wodurch das strenge Verbot, an den Denicialien die Maulthiere anzuspannen, sich erklärt. In der Urzeit übertrieb man die *feriae singulorum* so sehr: *ut qui nominasset Salutem, Semoniam, Sejam, Segetiam,*

Tutillinam — lauter Gesegen's und Helf Gott! — *ferias observaret*, was den Tagedieben höchlich zu Statten gekommen sein muss. *Flaminica, quotiens tonitrua audisset, feriata est donec placasset.* Hinsichtlich der Heilighaltung der Ferien gingen die Römischen Schriftgelehrten gleich weit auseinander wie die Jüdischen in Betreff der Sabbatfeier; ja sogar der in den Brunnen gefallene Ochs und Esel des Evangeliums wurde in Rom Gegenstand einer Controverse: *si bos in specum decidisset.* Manche Eigenthümlichkeiten des Römerbriefes müssen aus dem Grund Römisch gedeutet werden und mit Rücksicht auf die Stellung der Juden in Rom. Den vernünftigsten Ausweg aus dem Talmudistischen Labyrinth fand der Pontifex Scävola: *feriis agi licet quod praetermissum noceret*, genau wie der Weltheiland urtheilte, als seine Jünger am Sabbat Aehren auskernten. Steht ein Gewitter am Himmel, so darf am Sonntag das Getreide eingefahren werden. *Viros vocari feriis non oportet: si vocarit piaculum esto.* (Varro.) Das *piaculum* (*placare*: Plackerei, Schererei der Schöffenbaren) bestand aus *far pium* der Gewerten: Linsenmehl (alban. φjέρε-α), wonach Esau gelüstete.

In dem Worte *vir* (Wer) vereinigt sich ein ganzes Nest der wunderlichsten Widersprüche: nicht genug, dass der Bauer (Farmer) neben den Pär, der Bär neben den Bürger, der *fur* neben den *purpuratus, furfur* (alban. φfρε-α Abgang beim Schmelzen) neben *far pium*, der Kleienmann oder Klein neben den *warrior*, der Wirth neben den Hochwürdigen, der *rerna* (skr. *rarna*) neben den Radscha, רג (Ferkel) neben Ger Wurst neben Fürst zu stehen kommen; der Vierspänner des Barons eilt an dem schwerbeladenen Frachtwagen des Fuhrmanns vorüber, dem als einem „*talkete bua*" nur mit Unschlitt (ungeschlacht) oder Talg geleuchtet werden durfte — wenigstens in München. Am Einfachsten lassen sich die bunt verschlungenen Fäden lösen, wenn man in der Geschichte auf die Römische Gentilität, in der Thierwelt auf Eber und Hund, in der Farbenwelt auf Gelb achtet. Zu den Gentilen zählte der niedrigste Viehjunge so gut als das Oberhaupt der Gens; der Eber im Kessel gebietet über 30 Sauen und eine Unzahl Ferkel; der freilaufende Wolfshund flösst Jedermann Furcht ein, während neben dem angeketteten Köter (Kothsitzer) oder Klæffer und seiner Hundeseele (Schweinehund) nie der Prügel fehlt; die Burgunder gaben ihrem König den Titel *hendinos* (Hünenhund), den Angelsachsen galt *hinderling* für das niedrigste Schimpfwort; Goldgelb ist die kostbarste, Schmalzgelb die geringste Farbe. Der Gesichtskreis erweitert sich noch um Vieles, wenn man die Uebereinstimmung von *fari* mit Reden und von Reden mit Raden und Rathen in Betracht zieht, und die Aphrodite Anadyomene mit der *Venus vulgivaga* vergleicht. Im Taïtischen hat *feruri* genau den Sinn von *fari* (urtheilen), *pure* von Gebet (*preces*); noch mehr überrascht in den Polynesischen Sprachen, neben der Uebereinstimmung von *parau* und *arero* mit *fari*, die andere von *lela*, *ledah*, *lidah*, *dila*, *elelo* mit λαλειν und der *lingua latina*, wie Leda sie, in den λῆδος gehüllt, sprach und Eva gesprochen haben muss, als sie mit Adam sich hinter dem λῆδος (Gummistrauch) verbarg und mit dessen Blättern ihre Scham verhüllte.

Zum Ausgangspunkt des in *for* enthaltenen Doppelsinnes nimmt man am Zweckmässigsten *forma*: Erztafel, Weichbild, Münzstempel, Hostie, denn die rechte Form muss sowohl der Pyramidenspeicher als die Bauernhufe der Kopten haben, welche jenen zu füllen haben. Ein ähnliches Polaritätsverhältniss enthalten *forum* und *foresta*, im Taïtischen *farii* Fahrzeug und *farare* Wind, die durch *fahere* Steuerruder (Anfachung: *rectis*, *rectura*) unter sich vermittelt werden. Die Frömmigkeit, diese Haupttugend *Fro's* und *Freya's*, zeigt dasselbe Doppelgesicht:

alban. *φρόμ-ι* Todtenbahre (*feretrum*), *φρον-ι* Stuhl, denn es liegt im Wesen der Fidelität, dass der Frohnpflichtige sowohl gegen den Frohnherrn, als der Frohnherr gegen den Frohnpflichtigen fromm zu sein verpflichtet ist. Dasselbe goldene Stirnband, womit der Perusinerkönig so gut als der Schab von Persien sich schmückt, alban. *περϑσάν-τε*, hält mit eiserner Nothwendigkeit mittels *βαρκ-γϑ* Kesselkette und *βjἑρ-ι* Galgenstrick den *περόνε-α* (*nexus*, Eunuche) fest, der seine *κακεις* in Asche backt: *περὄἰς*. Man wird an den Slavischen *Perun* erinnert, wenn die Gegen ihren Gott *περνδί-α* tituliren: Bärenhäuter (*περτίμ-ι*), der von den fleissigen ‚Berggeistern: *περρί-ϑ* (Peris — Elfen = Bürger und Bauern) sich füttern lässt.

Der Albanese bezeichnet die Deutschen immer noch als *barbari*: *βαρβαρές-ζι*, verbindet aber auch mit *βερρεκjέτ-ι* die Vorstellung von engl. *barley* (Biergerste) und versteht unter *βερρ-ι* Herdenvieh, unter *βαρδάκ-ϑ* Töpferwaaren, unter *βαρφερί-α* Armut: Barbarei und Barfüsserei. *Patria* hat für ihn den Sinn von Herdfestigkeit: *βάτρε-α* Herd: *βερδε* und *βέρbε-α* Alter (*barbas*), *βερτέτε*: *veritas*, *βερτύτ-ι*: *virtus*, *πύργο-ja*: *πυργος*, *βερjερί-α*: *bergere* (Bürgerin). *βάρκε-α* Barke, *bόριγε-α* Fichte (Borke, Birke), *bορδὄσαλεκ-ϑ* weisser Frauenschleier geben die frohe und freundliche Seite des Bildes, wiewohl das letzte Wort in Bordel wiedererkannt wird. Umgekehrt laufen alle mit *περ* beginnenden Ausdrücke auf bäuerische Alltäglichkeit (*περδίτα*: *diem perdidi*) und Werkeltage (*περδίτ'σμε-jα*) hinaus, Zustände von Bettlern (*περδέρες-ι*) und Motten (*περβάν-ι* Perbandt), von Gichtbrüchigen (*περδές-ι*), Schmierern (*περλjύιγ*), Pissern (*περμjέρ*) und Wiederkäuern (*περτ'σάπ*, *περτύπ*). In der mittelalterlichen Latinität wiederholt sich genau dieselbe Erscheinung, wie sie in *προβατον*: *προ-βατος* (Dornstrauch etrur. *ramuðas*, alban. *φέρρε-α*, daher *φἑρ-ι* Hölle) den feurigen Busch des *probatus* und daneben das hilflose Schäfchen erkennen lässt, das durch den guten Hirten von den Dornen freigemacht und zu seiner Mutter gebracht wird. Φύρε-α Ofen und φύερι Farnkraut (Feurung) vereinigen die φάρρε-α (Stamm: *fara, gens*). In dem Satz: *ubi civitates vel for alia noviter fundantur*, hat man *foralia* auf Mark und Märker zu beziehen: *foraneus* Extern, *formerius* Noviz (Neugebackner: φεργύιγ), *forrus* Freigelassener, *forestanus* Vorstädter, *faringa* Sichel, *fardellus*, *ferratum*, *feria* Fuhre, *fornaticum* Brückengeld, *forte* Haufe, *foria* Abtritt*), *fertum*, *ferra*, *ferracia* Königssteuer, *formentada* Fruchtzehnten, *fora*: *fraus*, *forscapium* Laudemium für das Veräusserungsrecht eines Lehns, *forstarium* Unterschlagung bei der Getreidefuhre, *farcina*, *farzius* kurze Bauernjacke (Furzklappe), *ferperia*, *forpae* Tand, Trödel bedürfen keiner Erklärung. Ihren positiven Pol bilden *ferula* Schäferstab, *ferdingmannus* Seckelmeister, *ferrum* Mahlrecht: Mühleisen im Alamannischen Volksgesetz.

Alle Gebannten richten sehnsüchtige Blicke nach dem Weltjahr, das nach Verlauf von 3 Menschenaltern: $3 \times 33 = 99$ gemeinen Jahren für die ordnungsmässigen *triginta tres mansi* eintritt, das besiegelte *sdeculum* (alban. ʼσέκυλ-ι Welt) des hundertjährigen Kalenders. Indessen hiesse dies die Rechnung ohne den Wirth machen, denn nur das kleine oder halbe *saeculum* der Juden zählte nach Verlauf von $7 \times 7 = 49$ Jahren ein Jobeljahr, zur Herstellung der vielfach zerrissenen Salomonischen Ackereintheilung und zum Vortheil der Priesterschaft. Das *saeculum civile* oder Grosse Weltjahr bestand aus *undeni decies* — 110 — *anni* und bezweckte zumeist die ἀποκαταστασις παντων: Erneurung der Kataster und des Flurbanns. Die Berechnung lag den *XVviri* ob und muss so angestellt worden sein, dass das

---

*) „*Caute! Caute!* die Bauern verstehen auch Latein" — weil sie Kothsitzer, Köter, Kötter sind.

Jahr nur zu 11 Monaten gezählt wurde, indem der Vesta-Monat (Januar) ausfallen musste, weil der *annus saecularis* ausschliesslich den unterirdischen Gottheiten, Dis und Proserpina, geweiht war. Nachdem Cäsar den dreiköpfigen Salhund todtgeschlagen, der Plebs Zugang zum Vesta-Monat verschafft hatte, gab der um die *sacra* sehr bekümmerte August der politischen Neuerung dadurch die religiöse Weihe, dass er dem unterweltlichen Paar den oberen Apollo als Vertreter der Salung (Sol) beigab. 11×10 Januare zu 29 Tagen ergaben 3190 Tage oder 8 Jahre und 270 Tage; die *XVviri* mussten desshalb dafür sorgen, dass die Priester in der dem *annus saecularis* vorangehenden 8jährigen Schaltfrist so viele *dies intercalares* einfügten, dass das 9te Jahr vollzählig wurde, somit nach Ablauf von 101 Jahren das Weltjahr gefeiert werden konnte. Noch beim Beginn des gegenwärtigen Jahrhunderts entspann sich über die Frage eine Controverse, der jedoch jede praktische Bedeutung abging, weil es weder Jobeljahre noch Saturnsjahre mehr gibt. So sehr sich auch Mommsen[*]) dagegen sträuben mag, so ausgemacht ist es, dass *saeculum* von *secare* und Sichel stammt: dem mit der Sichel abgeschnittenen und in das Sicilianische Meer gefallenen Seckel des Cronos, daher der *annus saecularis* ein Jahr lange Saturnalien, in dem Sinn von Sichelhenke, umfasste. Die *ferrea trinoda necessitas* der „*zwangmündigen, zwangechten, zwanghoden*" ging zu Ende, der Saturnsring schloss sich und die Saturnsphäre, das Wasser als Symbol der *aequitas*, kam den Gebannten zu Gute. *Qui olim gabellus, nunc sicla vel secla:* wer davon loskam, hiess *necessairfrei — liberatus a ferrea necessitate —, nothfrei, voluntairfrei, churfrei, freizinser*. Wie nach der Ernte die Sicheln in den Balken, so wurden die *clavi saeculares* in der Zelle des Jupitertempels eingeschlagen.

---

[*]) Die Römische Chronologie 172. (2 Aufl.)

*Maxima pars Grajùm Saturno et maxime Athenae
Conficiunt sacra quae Cronia esse it rantur ab illis;
Cumque diem celebrant, per agros urbesque fere omnes
Exercent epulis laeti famulosque procurant
Quisque suos nostrique itidem et mos traditus illinc
Iste ut cum dominis famuli famulentur ibidem.* (*L. Accius.*)

Cronia müsste nicht identisch mit *corona* sein, wollte man sich eine andere Vorstellung von der Sache machen, als die, dass nach 101 Jahren der *anulus* geschlossen und, bevor ein neuer beginnt, am Schlusse von 20 Lustren ein jähriges Lustrum gefeiert wird. Während der Zeit wird der *anus* der *assidui* frei: *Saturnum Apollodorus alligari ait per annum laneo vinculo et solvi ad diem sibi festum i. e. mense Decembri, atque inde proverbium ductum, Deos laneos pedes habere.* Die *dies festi* und *fasti* sind gleicher Weise gebundene Zeiten. Hat das Säcularvergnügen ein Jahr lang gedauert, so wird Saturn von Neuem angebunden und mit ihm die ganze Familie. Nach Ablauf von vier Weltjahren sollte nach Sibyllenspruch eine völlige Erneuerung des Gesellschaftsvertrags, die wahre Palingenesie eintreten, auf welche die Armen und Gedrückten bis ans Ende aller Tage vergebens harren werden. Nach der Meinung der Alten müssten alsdann die Saturnalien einen ganzen *annus saecularis* lang dauern. Als das erste Jahrtausend Christlicher Zeitrechnung seinem Ende nahte, glaubte die Christenheit wirklich den Augenblick der Palingenesie gekommen, denn das Evangelium sieht nicht viereckig, sondern rund aus, darum auch das Tausendjährige Reich. *Olim exspectata veniunt septem Saturnalia.* Ἀποκατάστασις: *circuitus meatus dierum integrorum mille quadringentorum sexaginta unius*: $1461 = 4 \times 365$ *dies* $+ 4 \times 6$ *horae* des *dies intercalaris*, der Sieg Cäsar's über das prismatische Standesspectrum. Von ihm sagt Duruy[*] sehr

---

[*] *Histoire Romaine* I, c. 11.

gut: „Rom macht eine Stadt zu seiner Verbündeten, einer andern gewährt es die Auszeichnung unter Quiritenrecht zu leben, entweder mit Ertheilung des Stimmrechts oder unter Belassung der Selbstregierung. Municipien der verschiedensten Abstufungen, Seecolonien, Latinische und Römische Colonien, Präfecturen, Bundesstädte, Freistädte, sie alle durch ihre eigenthümliche Stellung getrennt, durch ihre Abhängigkeit vom Senat verbunden, bilden ein ungeheures Netz, das die Völker Italiens umspannt bis zu dem Tag wo sie, ohne neue Kämpfe, als Unterthanen Roms erwachen."

ANHANG.

Um keinerlei Prioritäts-Streitigkeiten aufkommen zu lassen, entnehme ich einer Abhandlung über 'Εμπροσθε 'Οπισθε Βυστροφηδον die Uebersetzung einiger der wichtigsten altitalischen Inscriptionen.

I.

Ein Pompejanisches 'Οπισθε.*)

a) in Hebräischen Lettern.

ב אאתר אנש בֵּי טִינאם חאאם
בְּרִיאה פומפאיאנאה טרשטאא
מֶנטוח תֶחַת אצאק אטויבאת
בכיני קישמר קבאשטור פומפ
אינאש טריפום אקאק קומפן
נאש טאנבניח ופשננאם
תֶחָה ישתום פרו⁶¹ **אטטֶח:

b) in Lateinischen Lettern.

pp aaðir ans ppei tiunam chaam berejah pompajanah tristaa mentuð ðeðeð eisak eitiubað ppknjhi kjsmr kbaisstur pompajans triibom ekek kombennieis tancinuð opzannam ðeðeð isiðum prophatteð.

---

*) W. Gell, Pompejana Vol. II, App. 199.
**) Arab. s

c) in Hebräischer und Deutscher Uebertragung.

בָּאתָר אָנוּ בְּעִי תְּבוּנָם חָם
Schwiegervaters weisen Bei unsres Ruhestatt

בְּרִיעָה פּוֹמְפֵּינָה תַּרְשָׁתָא
Drosten Pompejanischen beweinten
feriatus

מִנּוּר תַּתְנִי יִצְחָק פּוֹטִיפַר
Potiphar Isaak Thioda gefürsteten

בִּקְעַת בְּסֶמֶת בְּשַׂדִּי פּוֹמְפֵּינוּ
Pompejanischer Quästor Dinkel Beckens

תַּרְבִּית הֵנָא קוֹמְפִּגְעָה
Campanischer Aga Census
Hagen

טָנְבָעוּ׃(*) אֲגָיָה תַּתְנִי
Thioda Preise Gott! Dank dem Herrn!

אֵיתָן בְּרָאָה:
Prophet Vitzthum

II.

Tafel von Abella mit Lateinischem Text.

a) emapoi vesti rikiji
   amen! vasti regius (Reichsvezir)

maisprj pokir
horrei (מִשְׁבָּר) aedilis (bougre: Packer — Graf)

sverronei kvalei
curio (σφαιρευς) baro (eques, ags. wealh-gerefa)

abellanoiinim manuijv kapi
abellanorum manubiarum caput (captor)

mai pjkalatoi shikei
major peculii (buccellati) sheik (צַדִּיק)

---

*) Das *tungino* der Malbergischen Glosse.

keketakji   noelinim
villanus (Kakadu der ἵκεται) nolanorum

isai   lis   abellinim
victor (עָצִ֫י)   laetorum (ληστων) abellanorum
                (litium?)

katji   mjllanois   ajs
cadi   mulleatus (multaticus) abas (Ase)

senatel   tancinod   sjveis (σεβης)
senatorius   sancitus   scabinus (σαφης)

pjtjljs   pidlicaſj   ſansekss
fidelis   fornacalis (franz. boutillier) banerius
                                          (vexillarius)

kumſened   sakaroklom   ispedo isai eai meſiai
campanus   sacerdotiorum hispido forti eia modium

teremea   ijstaiet
terminalem   hostiat (ἱστιαω).

b)*) hereklkeis   ſiisno
     herakleis   fisco

   meſdist   ehtra   dſeihoss
   medicet   atria (ἀιϑρα)   vovens (weihend)

   po   herekleis   ſiischnam   ameſtvert
   pro   hercule   fascinum   amphoret (offerat)

   biam   hosstispai   igisi   pjstan
   βιαν   hystaspis   axibus   postem (post)

   slaci   senateis   sjbeis
   legis   senatoriis   scabinis

   tancinjd   tribalakae   jm   likitjbinim
   sanciat   triballo   vas (Ohm)   liquidorum

---

*) Die Bruchstücke am Anfang sind weggelassen.

ijk (iok)   tribarakkijʄ   pam
etiam   tribuarii   pannum

njclanos   tribalakae   tjset   nam [pam]
nucleos   triballo   det   pannus

jittiuʄ   noglanom   esto   ekkjmi
fidius   nucleorum   esto   hegemoni

scaipd   abellano   shba   acatoset
sufes   abellanus   σεβας   hauriat (ἀγαϑοω

iok   tribadakkioʄ   namoittioʄ
etiam   tribuno   monetario (ναματιαιος)

abellanom   esaod aetpost
abellanorum   asset aquilae postem (ἀεταιον, ἀιτιον)

ʄehois   pusʄinam
falconibus.(Weihe) posticum (ποσϑιον: Trinkgeld)

anʄret   eksei   tereincp
amphoret   axium   causa

abellanos ep noclanos   pronts
abellanis et nolanis   promptum

barakan
feriatum (franz. bargain: Messgeld)

tinset   theudbrom   podesei
censeat (zinsen)   τεταρτον   potenti (podestà)

tereiissa onpatens   asmonak   adtinum
triginta umbrates   ἀσημαντος   ἀστυκων (ἀστυνομος,
                                     aedilis)

patensinim   pdiellsarei
petentium   pedario (Pedell, Büttel)

pokkaheeittum alttnnam
pagaticum   altilia (Tauben und Hühner)

altterrins
altaris (*ἀλτηρες* oder Halter an den Maltern des saltuarius)

aetanter	slac abellanam	inim
secundum (*ἀιτιατικως*) legem abellanam		enim (et)
nuelanam ollad liwrjej herekleis slaacid		
nolanam ollam libret herculis scutator (legatus)		

pudistinim teetpj	kleipsod	sakaraklom
potestatum tatius (Teufer) clupeatus sacerdotiorum		

podanter	teremmsseist
ποδηρης (potenter)	tremendus

paiter	emenniomu	tancinud
pater	ammonii (Umgelt)	sancitus

prjſaosetl	anmor (*ἀμορβος*)	poei
propheta	amor (major)	qui

kik sakarammid	idikteon	moin
cai sacravit (damnare)	*ἱκετων*	modium

malaikei	ereiſosid	eiseis
malaki (מֶלֶךְ)	derivet (darben)	*ἀιϑυσης*

sakarakleis	teresſdok	tatioſ
sacrarii	terraticum	tatio

ſmuiniku	potor	avtnovlak
fimicus (*δημιος*) pudor (tutor)		*ἀυτορογος — ἀυτονομος*

herekleis	ſiispid	noelat
herculis	hispidi	nolani.

III.
Bantina Tabula*) nebst Lateinischem Text.

a. Svae pis pertemust — deivatud sipus comonei perum

---
*) Mit Hinweglassung der Verstümmelungen.

dolom mallom siom ioc comono mais — amnud panpieis umbrateis avti cadeis amundinim idic siom dat senail — tanginud maimas carneis pertumum.

Si quis pertemserit praeterquam — debeat sponsionem (σιφωνα, scyphum) communi prae dolo malo suo — etiam commune magis — damnet quinque umbrates iterum (avti = ἀντι) judicibus (Kadis) agnum (ἀμνας) aes (eitua: ἀιϑυσα) suum dat, senatui — tanginet maimas carnis protimiam (προτιμιον: pro temone).

b. piei ex comono pertemest izic eizeic = zicel comononi hipid.

Quisquis communiter pertemserit omnis aidus IV zicola (Seckel = Zicklein) communi solvat.

c. pis pocapit postpost exac comono hafiert meddis dat castrid loufii.

Qui peccavit intra axes communes fertum medici (meddicis) dat castori luci.

d. — eitas factud pout touto deivatuns tanginom deicans siom dat eizasc idic tangineis — deicom pod valaemom touticom tadait ezum nepfe pacid.

— asscs facito quos toti (schodo) debens tangino dicenti [ius] suum dat aes unicuique tangino — decem, quod validum tuticum, taedeat, fisco neque (nihil) pagat.

e. svaepis contrud exeis fefacust avti comono hipust molto etam — estud NOΘIN.

Si quis contra axes fecerit iterum communi solvat mulctam assis — i. e. novendecim (?)

f. svaepis ionc fortis meddis moltaum herest, ampert minstreis aeteis — eitvas. moltas moltaum licitud.

Si quis dehinc fortium meddix mulctam gerit (χειρει) amphoram ministris altis (Altmeister) — aerarii mulctam mulctarum licitator,

g. svaepis prumeddixud altrei castrom avti eitvas zicolom dicust izic commoni hipid nepon op toutad petirupert vrustsipus perum dolom mallom intrutum zico touto peremust petiropert ncip mais pomptis compreivatud actud.

Si quis promiserit alteri castrum iterum assis zicolom judici unicuique (*δικαστῇ ἑκάστῳ*) communi solvat [pro] nepa (naevo) ob tuitionem quattuor vicibus prae dolo malo intritum (interum) civi illi perimat, quater nec magis quinquies comprobatus agat.

h. svaepis censtomen nei cebnust dolud mallud — in eizeic vincter esuf comenei lamatir prmeddixud toutad praesentid perum dolum mallom inamericatud allo famelo inei sivom pacieizeis fust paeacensto fust toutico estud.

Si quis numerarius (celer, cellarius: *τελώνης*) nec cupidus doli mali — in assignando vim dixit contra communem rotulam, promedicet tuticum praesentem prae dolo malo, vadem constituat alium famulum gentis (Innung), scyphum pagi post pagat, post tutus esto.

i. pr svae praefucus pod post exac bansae fust, svaepis opeizois com — atrud ligud acum herest avti prumedicatud manimaserum eizazunc egmazum — pas ex aisceneligis scriftas set ne phim pruhipid mais zicolois X nesimois.

Porro si praefugus intra axes bansae est, si quis opifex contra legis axem mancipat, iterum promedicet manimaserum unicuique hegemoni secundum sacras scripturas, sed neutiquam praebeat magis zicolis X genuinis.

l. svae pis contrud exeic pruhipust etanto estut NΘIN.

Qui [hospitem profugum] contra axes prohibet, in aerarium solvat novem (?)

IV.

Inschrift auf Ischia.

άκιος νυμφιου
μαιος άκυλλου
άρξαντε·
άνεθηκαν
τοτοιχιον
καιοιστρα
τιωται

Ἅγιος νυμφαιυ μαγος (magistratus) ἀκυλλυ (aquileum: ἀετος) ἀρξαντες ἀνεθηκαν το τυχικον καιοιστρι τιωτῃ.

V.

Volskische Inschrift aus Velletri.

deve declune statom!
sepis atahus pis uelstrom
faia esaristrom sabim asif uesclis
uinu arpatitu sepis totico ɨ
couehriu sepo ferom pihom estu
escicosuties maca tafaniẹs medix
sistiatiens siclẹ

Ante declive statutum:
si quis hostis civem veliternum
faciat arrestantem septem sacris vasculis
vini componat sepis totico:
recuperet sebum ferae pecudis iste
executiens frustum panis medix
sistitans sigillo.

VI.

Etrurische Inschriften.

1) ager emps eg termans oht
C. V. Vistinie nert babr maronmei
voisner propargk tv voisiener
sacre statu.

---

ager ambitus ac terminus alodium
C. V. Faustinae infra portam salariam
vicinus viridario t. t. vicinis
sacer stato.

2) Felthina satena XVCI enesci ipa
ƶpelane thiphulum chva ƶpelthi
renethi eƶt ac Felthina acilune
turuneƶ cune ƶea XVCI enesci
athumiƶ' aphunaƶ penthna ama
Felthina aphunaƶ thuruni einxeriun
acchathil thuncult hlich cacechaxi chuche.

Felsinia plaustra XL nasci ob ($\ell\pi\iota$) spelaeum caecorum ubi adoreum retinaculum est ac Felsinio aquiloni turonensia communia vasa ($\chi\epsilon\nu\mu\alpha$) XL nasci atomice aphunis pyramide Felsinus aphunas turonensium anserum ancil tanginut laete cacatas offas ($\varkappa\alpha\varkappa\epsilon\iota\varsigma$, Kuchen).

VII.

Carmen Saliarium bei Varro.

Cozculodori eso. omina vero adpatula coemisse
Jancusianus duonus ceruses. dunus ianus
ve vet pom melius eum recum ...

Cozculod ori eso. omina vero adpatula
osculor ore far (spicam). omnia viro adpatulo
coemisse Jancusianes duonus ceruses.
coemisse Janusianae domus cerealis.
dunus ianus vevet pom melius eum recum ...
bonus ianus favet qom melius eum recompenses (?)

VIII.
Bruchstücke der Iguvinischen Tafeln.

a. prevereir treblaneir Juve Grabovei buf
treif fetu tases persnimu sevom
surur purdovitu proseseto naratu
prosesesetir mefu spefa ficla
arsveitu arvio fetu este esono
herivinu heriponi fetu vatuo
ferine fetu.

---

previr tribulis Jovi Statori boves
tres fetum (fas) tassas annuum sebum
sororiantes debito praesidi nero
praesidi navo amphoras fictiles
artefacto arvio fetum id est
herilis vini herilis panis*) fetum vadi
farinae fetum.

b. postverir treblanir sigomia trif
fetu Trebe Jovie ociper fisiu
totaper ijovina persae fetu
arvio fetu tases persnimu
surur naratu puse preverir triblanir.

---

*) In Ulm wird bis zur Stunde Herrenbrot gebacken.

postvir tribulis sues tres
fetum Tropico Jovi ocreatus fisci
scutifer junior persae fetum
arvii fetum tassas annuum
sororiantes nerum poscat previr tribulis.

c. vocucum joviu ponne ovi furfant
vitlu-toru trif fetu Marte horse
fetu popluper totar ijovinar totaper
ijovina vatuo ferine fetu
poni fetu arvio tases persnimu
prosecetir fasio ficla arsveitu
suront naratu puse verisco treblanir.

vocatorum [in jus] Jovis poena ovis furfur
vitulotauri tres fetum Marti cavallus
fetum populifer tutarius junior scutifer
junior vades farinae fetum
panis fetum arvii tassas annui
praeses vades fictilia artefactum
sororiantia nerum poscat veridicus tribulis.

d. semenies tekurics sim kaprum upetu tekvias fameriam pumperias XII.

σεμνος decurio sub capistro habeto artificum (τεχνιτων) familias pompicas XII.

e. preverir tesenocir buf trif fetu
Marte Grabovei ocriper fisiu
totaper ijovina arvio fetu tases
persnimu prosesetir farsio ficla arsveitu.

previr quaestor boves tres fetum
Marti Statori ocreatus fisci
scutifer junior arvii fetum tassae
annui praeses vades fictilia artefacti.

f. preverir vehier buf trif fetu Tefrei
Jovi ocriper totaper ijovina serse fetu
pelsana fetu arvio feitu poni fetu
tasis persnimo.

---

previr votivus boves tres fetum Tiberini
Jovis ocreatus scutifer junior serta fetum
balsama fetum arvii fetum panis fetum
tassae annui.

g. esunu fuia herter sume ustite
sestentasiariu urnasariu huntak
vuke prumu pehatu in
ukuhturu urtes puntis frater
ustentuta pure fratru mersus
fust kumnakle inuk uhtur vapere
kumnakle sistu sakre uvem uhtur
teito puntes terkantur inumek
sakre uvem urtas puntes fratrum
upetuto inumek via mersuva
arvamen etuta erakpir
persklu uretu sakre uvem kletra
fertuta aituta arven kletram
amparitu eruk esunu futu kletre
tuplak prumum antentu inuk zibzeram
ententu inuk kazi ferime antentu
isunt (inuk) ferehtru etres
trisahesnes astintu suferaklu
tuves ahesnes unstintu inenek

vuku menesunu menetu ap
vuke kukehesie persklu markaritu
vuke pirose antentu.

---

quicumque fuerit pontifex maximus
sextantariûm amphorariûm fundacum (templum)
foci bromii vehito in
foro urceos pontis frater
ostendito flamen mergat
fustem coenaculi omnis uterus vaporatus
festucâ esto sacer ovium uteri
tecto pontis tergantur aeque ac
sacra ovilia (Schafhürden) pontis frater
aperito aeque ac mercatus
arvalis copiam molae salsae
clipeo urito sacram ovem clave
ferrata copiam arvinae clave
amphorato molam omnis follis clave
duplex prelum intendito omuem hircinam ($\sigma\iota\sigma\upsilon\varrho\alpha$)
intendito omnem cadum farinae intendito
omnia feretra aereae
tripodis intendito superficiei (cuperculi)
tubas aheneas intendito aeque ac
foci mansionem (Herdstatt) mensurato ac
focum cucinae clipeo marcato
focum balnei ($\pi\upsilon\varrho\iota\alpha\sigma\iota\varsigma$) intendito.

In demselben Verlage sind erschienen:

K. Simrock, die deutschen Volksbücher

Gesammelt

und in ihrer ursprünglichen Echtheit wiederhergestellt.

Erster bis dreizehnter Band. Der Band Thlr. 1. 10 Sgr.

I. Heinrich der Löwe. — Die schöne Magelone. — Reineke Fuchs. — Genovefa.

II. Die Heimonskinder. — Kaiser Friedrich Barbarossa. — Octavianus.

III. Peter Dimringer von Staufenberg. — Fortunatus. — König Apollonius. — Herzog Ernst. — Der gehörnte Siegfried. — Wigoleis vom Rade.

IV. Doctor Johann Faust. — Doctor Johannes Faust. Puppenspiel. — Tristan und Isalde. — Die heiligen drei Könige.

V. Die deutschen Sprichwörter.

VI. Die schöne Melusina. — Markgraf Walther. — Der arme Heinrich. — Der Schwanenritter. — Flos und Blankflos. — Zauberer Virgilius. — Bruder Rausch. — Ahasverus.

VII. Fierabras. — König Eginhard. — Das deutsche Räthselbuch. — Büttner - Handwerksgewohnheiten. — Der Huf- und Waffenschmiedegesellen Handwerksgewohnheit. — Der Finkenritter.

VIII. Die deutschen Volkslieder.

IX. Der märkische Eulenspiegel. — Das deutsche Kinderbuch. — Das deutsche Räthselbuch. Zweite Sammlung. — Thedel Unverfährt von Walmoden. — Der Hugschapler.

X. Die sieben Schwaben. — Das deutsche Räthselbuch. Dritte Sammlung. — Oberon. — Till Eulenspiegel. — Helena.

XI. Pontus und Sidonia. — Herzog Herpin. — Ritter Galmy.

XII. Thal Josaphat. — Hirlanda. — Gregorius auf dem Stein. — Die sieben weisen Meister. — Ritter Malegis.

XIII. Hans v. Montevilla. — Aesop's Leben und Fabeln. — Meister Lucidarius. — Zwölf Sibyllen Weissagungen. — Leben des Grafen v. Schafgotsch.

Handbuch deutscher Alterthümer

von

G. Pfahler.

Neue vermehrte Ausgabe.

Gr. 8. Geh. Thlr. 3. 4 Sgr.

Das deutsche Volk und seine Stämme. I. Alterthum. 1. Ursprung und Ursitze. 2. Die ältesten Namen. II. Die ersten geschichtlichen Nachrichten. 3. Westgermanen. 4. Nordseegermanen. 5. Ostseegermanen. 6. Scandische Germanen. III. Die Völkerwanderung. Die deutschen Westvölker. 7. Alamannen. 8. Franken. 9. Thüringer. 10. Baiern. 11. Sachsen. 12. Friesen. Die deutschen Ostvölker. 13—16. Gothen. 17. Vandalen. 18. Longobarden. Die deutschen Nordostvölker. 19. Heruler. 20. Rugier. 21. Sciren. 22. Turcilinger. Die scandischen Germanen. 23. Dänen. 24. Gauten. 25. Suionen. 26. Nordmannen. IV. Germanische Reiche. Im Südosten von Europa und auf der Nordküste von Afrika. 27. 28. Reich der Burgunder. 29—33. Reich der Westgothen. 34—38. Reich der Vandalen. Im Süden von Europa. 39—44. Reich der Ostgothen. 45—54. Reich der Longobarden. Im Westen von Europa. 55—77. Reich der Franken.

Oeffentliche Rechtsverhältnisse. V. Beschaffenheit der Nation. 78. 79. Das Land. 80. Die Einwohner. VI. Zustand der Personen. 81. 82. Die Freien. 83. Die Unfreien. VII. Recht und Verfassung. 84. Herkommen und Gesetz. 85. Die Landesgemeinden und die Obrigkeiten. 86. Das Königthum. VIII. Heer und Kriegsverfassung. 87—89. Herrbann und Gefolgschaften. 90. 91. Waffen und Kampfesart. 92. Kriegsschiffe. IX. Gericht und Strafe. 93. Verbrechen. 94—96. Gericht. 97. 98. Busse und Strafe.

Häusliche und bürgerliche Lebensverhältnisse. X. Das Haus und die Familie. 99. Die Sippe. 100—102. Die Ehe. 103. Krankheiten. 104. Bestattung. XI. Leben und Sitte. 105. 106. Wohnungen. 107. Kleidung. 108. Speise und Getränke. 109—112. Lebensweise und Beschäftigung.

Bildung und Culturverhältnisse. XII. Götterlehre und Priesterthum. 113—116. Die altgermanischen Götter. 117. Festzeiten und Opfer. 118. Priester. 119. Heilige Haine. 120. Götterbilder. XIII. Sprache und Schrift. 121. 122. Die deutsche Sprache und ihre Dialecte. 123. Schrift und Runen. 124. Personennamen. 125. Ortsnamen. 126. Lieder und Gesänge. XIV. Handel und Verkehr. 127—130. Producte des Landes. 131. Handelsverkehr. 132. Schiffe. 133. 134. Maasse. 135. Münzen. 136. Zeitrechnung. 137. Gestirne.

Anhang. — Sachregister.

Krebs, J. P., Antibarbarus der lateinischen Sprache. Nebst Vorbemerkungen über reine Latinität. Vierte Auflage, neu bearbeitet von Dr. F. X. Allgayer. Gr. 8. geh. Thlr. 4.

Pfahler, G., Handbuch deutscher Alterthümer. Neue vermehrte Ausgabe. Gr. 8. geh. Thlr. 3. 4 Sgr.

Hahn, K. A., mittelhochdeutsche Grammatik. Neu ausgearbeitet von Dr. Fr. Pfeiffer. 8. Geh. 24 Sgr.

— — mittelhochdeutsches Lesebuch oder Uebungen zur mittelhochdeutschen Grammatik. Neue vermehrte Ausgabe. 8. Geh. Thlr. 1.

— — neuhochdeutsche Grammatik. Erste Abtheilung. Die Lehre von den Buchstaben und Endungen. 8. Geh. 18¾ Sgr.

Simrock, K., die deutschen Volksbücher, in ihrer ursprünglichen Echtheit wiederhergestellt. 1. bis 13. Band. 8. Geh. Thlr. 1. 10 Sgr. der Band.

— — die deutschen Sprichwörter. 8. Geh. Thlr. 1. 10 Sgr. Gebunden Thlr. 1. 20 Sgr.

— — das deutsche Räthselbuch. Zweite Auflage. 8. Gebund. 15 Sgr.

— — das deutsche Kinderbuch. Altherkömmliche Reime, Lieder, Erzählungen, Uebungen, Räthsel und Scherze. 8. Geh. 20 Sgr. Gebunden 24 Sgr.

Wolf, Ferd., über die Lais, Sequenzen und Leiche. Ein Beitrag zur Geschichte der rhythmischen Formen und Singweisen der Volkslieder und der volksmässigen Kirchen- und Kunstlieder im Mittelalter. Nebst VIII Fac-similes mit IX Musik-Beilagen. Gr. 8. Geh. Thlr. 3. 20 Sgr.

Johann Karl Passavant. Ein christliches Charakterbild. Gr. 8. Geh. Thlr. 2.

Flammberg, G., der Fellenhauer. Eine Erzählung. Drei Theile. 8. Geh. Thlr. 2.

— — Kurt Werner. Eine Erzählung aus Franken. Drei Theile. 8. Geh. Thlr. 2.

— — Einer ist euer Meister. Ein historischer Roman aus dem sechszehnten Jahrhundert von S. Sturm. Zweite Auflage. Zwei Bände. 8. Geh. Thlr. 2. 24 Sgr.

Brandt, M. G. W., das Pflanzenleben, dessen Wachsthum, Sprache und Deutung in Gedichten und Aussprüchen. 9. Geh. Thlr. 2. — Elegant gebunden mit Bildern in Farbendruck. Thlr. 2. 12.

Scherer, H., Reisen in der Levante in den Jahren 1859—1865. 8. Geh. Thlr. 1. 6 Sgr.

Classen, J., Beobachtungen über den Homerischen Sprachgebrauch. Gr. 8. Geh. Thlr. 1. 10 Sgr.

Helfferich, A., Turan und Iran. Ueber die Entstehung der Schriftsprache. Gr. 8. Geh. Thlr. 1. 10 Sgr.

Reidt, H., das geistliche Schauspiel des Mittelalters in Deutschland. Gr. 8. Geh. 24 Sgr.

www.ingramcontent.com/pod-product-compliance
Lightning Source LLC
Chambersburg PA
CBHW020138170426
43199CB00010B/790